# 本書の特色と使い方

## とてもゆっくりていねいに、段階を追った読解学習ができます。

・一シートの問題量を少なくして、ゆったりとした紙面構成で、読み書きが苦手な子どもでも、ゆっくりていねいに段階を追って学習することができます。

・漢字が苦手な子どもでも学習意欲が減退しないように、問題文の全てをかな文字で記載しています。

## 児童の個別学習の指導にも最適です。

・文学作品や説明文の読解の個別指導にも最適です。

・読解問題を解くとき、本文を二回読むようにご指導ください。その後、問題文をよく読み、本文から答えを見つけます。

## 光村図書・東京書籍・教育出版国語教科書などから抜粋した物語・説明文教材、ことば・文法教材の問題などを掲載しています。

・教科書掲載教材を使用して、授業の進度に合わせて予習・復習ができます。

・三社の優れた教科書教材を掲載しています。ぜひご活用ください。

・目次の［教科書］マークがついている単元は、教科書の本文が掲載されていません。教科書をよく読んで学習しましょう。

## どの子も理解できるよう、長文は短く切って掲載しています。

・長い文章の読解問題の場合は、読みとりやすいように、問題文を二つなどに区切って、問題文と設問に1、2…と番号をつけ、短い文章から読みとれるよう配慮しました。

・読解のワークシートでは、設問の中で着目すべき言葉に傍線（サイドライン）を引いておきました。

・記述解答が必要な設問については、答えの一部をあらかじめ解答欄に記載しておきました。

## 学習意欲をはぐくむ工夫をしています。

・できるだけ解答欄を広々と書きやすいよう配慮しています。

・内容を理解するための説明イラストなども多数掲載しています。

・イラストは色塗りなども楽しめます。

**※ワークシートの解答例について（お家の方や先生方へ）**

本書の解答は、あくまでもひとつの「解答例」です。お子さまに取り組ませる前に、必ず指導される方が問題を解いてください。指導される方の作られた解答をもとに、お子さまの多様な考えに寄り添って〇つけをお願いします。

もっと　ゆっくり　ていねいに学べる

# 読解ワーク　基礎編

（光村図書・東京書籍・教育出版の教科書教材などより抜粋）

## もくじ　1－②

## ことば

| | | | | | | | | | |
|---|---|---|---|---|---|---|---|---|---|
| コ | ケ | ク | キ | カ | オ | エ | ウ | イ | ア |
| コ | ケ | ク | キ | カ | オ | エ | ウ | イ | ア |
| コ | ケ | ク | キ | カ | オ | エ | ウ | イ | ア |
| | | | | | | | | | |
| | | | | | | | | | |

サササ
シシシ
ススス
セセセ
ソソソ
タタタ
チチチ
ツツツ
テテテ
トトト

| | | | | | | | | | |
|---|---|---|---|---|---|---|---|---|---|
| ホ | ヘ | フ | ヒ | ハ | ノ | ネ | ヌ | ニ | ナ |
| ホ | ヘ | フ | ヒ | ハ | ノ | ネ | ヌ | ニ | ナ |
| ホ | ヘ | フ | ヒ | ハ | ノ | ネ | ヌ | ニ | ナ |
| | | | | | | | | | |
| | | | | | | | | | |

マママ
ミミミ
ムムム
メメメ
モモモ
ヤヤヤ
ユユユ
ヨヨヨ

ラララ
リリリ
ルルル
レレレ
ロロロ
ワワワ
ヲヲヲ
ンンン

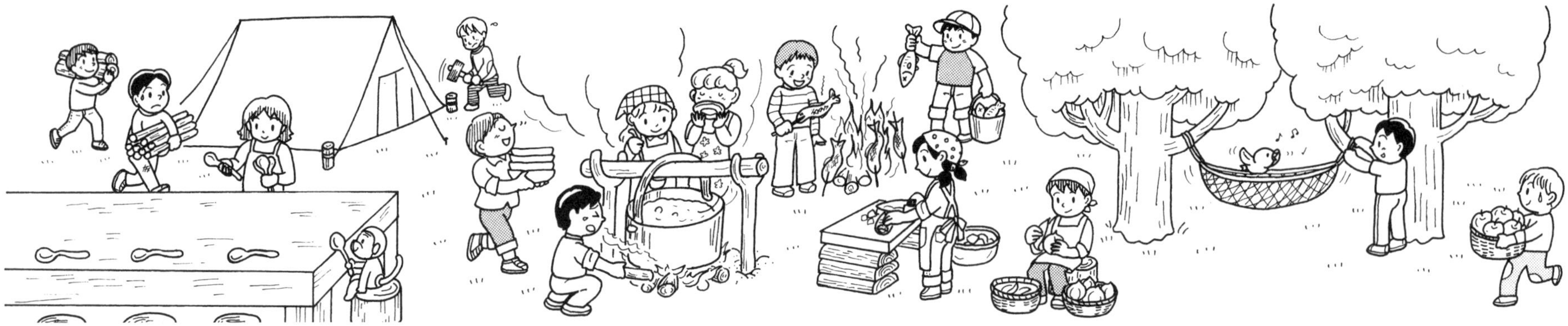

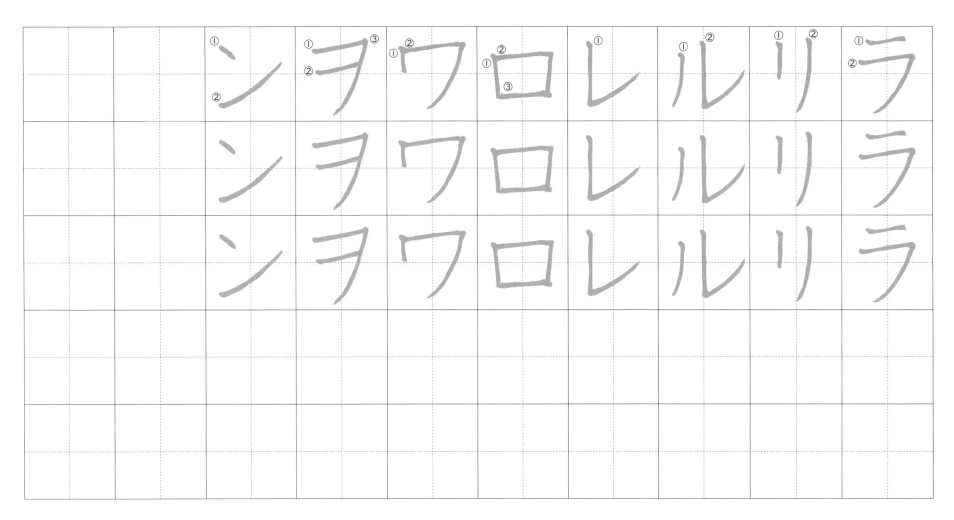

| | | | | | | | | | | |
|---|---|---|---|---|---|---|---|---|---|---|
| ワ | ラ | ヤ | マ | ハ | ナ | タ | サ | カ | ア |
| | リ | (イ) | ミ | ヒ | ニ | チ | シ | キ | イ |
| ヲ | ル | ユ | ム | フ | ヌ | ツ | ス | ク | ウ |
| ン | レ | (エ) | メ | ヘ | ネ | テ | セ | ケ | エ |
| | ロ | ヨ | モ | ホ | ノ | ト | ソ | コ | オ |

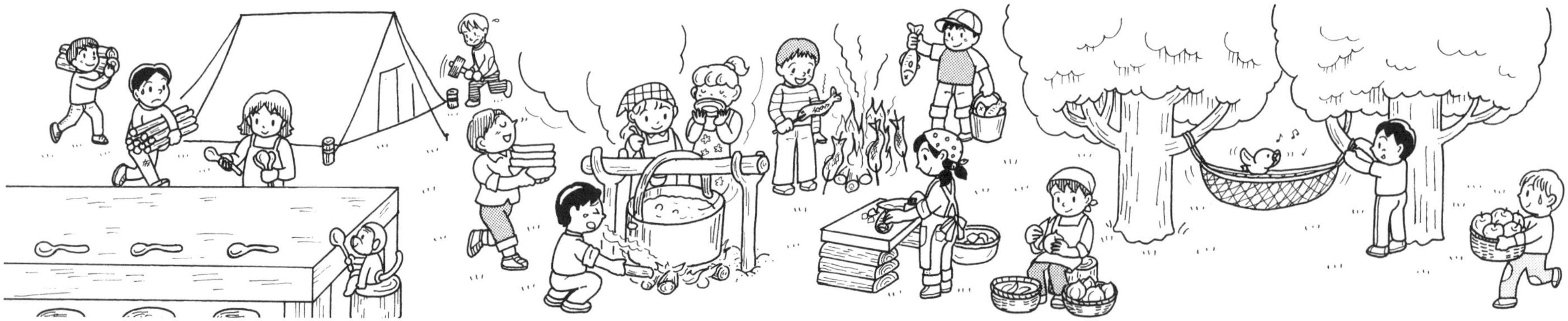

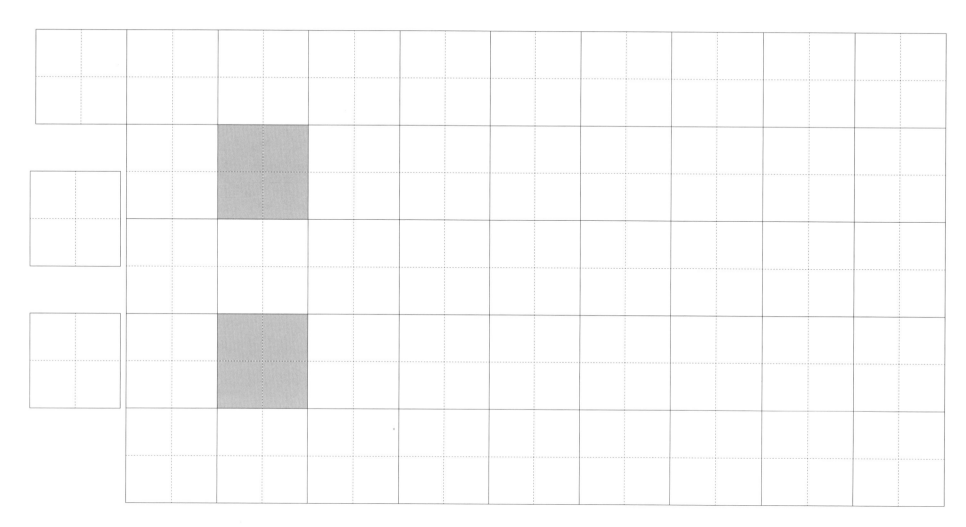

| | | | | | | | | | |
|---|---|---|---|---|---|---|---|---|---|
| ゾ | ゼ | ズ | ジ | ザ | ゴ | ゲ | グ | ギ | ガ |
| ゾ | ゼ | ズ | ジ | ザ | ゴ | ゲ | グ | ギ | ガ |
| ゾ | ゼ | ズ | ジ | ザ | ゴ | ゲ | グ | ギ | ガ |
| | | | | | | | | | |
| | | | | | | | | | |

| | | | | | | | | | |
|---|---|---|---|---|---|---|---|---|---|
| ボ | ベ | ブ | ビ | バ | ド | デ | ヅ | ヂ | ダ |
| ボ | ベ | ブ | ビ | バ | ド | デ | ヅ | ヂ | ダ |
| ボ | ベ | ブ | ビ | バ | ド | デ | ヅ | ヂ | ダ |
| | | | | | | | | | |
| | | | | | | | | | |

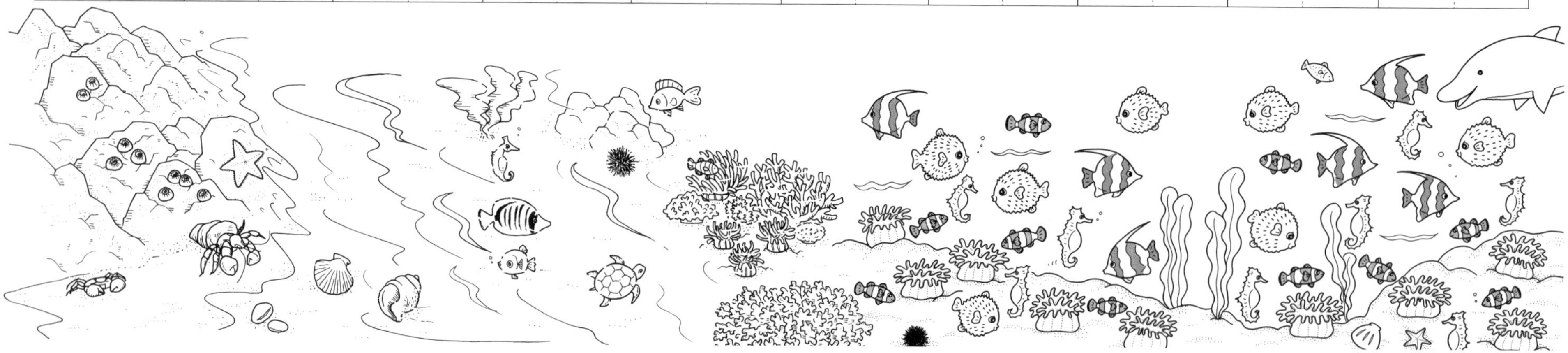

| | | | | | | | | | |
|---|---|---|---|---|---|---|---|---|---|
| パ | バ | ダ | ザ | ガ | ポ | ペ | プ | ピ | パ |
| ピ | ビ | ヂ | ジ | ギ | ポ | ペ | プ | ピ | パ |
| プ | ブ | ヅ | ズ | グ | ポ | ペ | プ | ピ | パ |
| ペ | ベ | デ | ゼ | ゲ | | | | | |
| ポ | ボ | ド | ゾ | ゴ | | | | | |

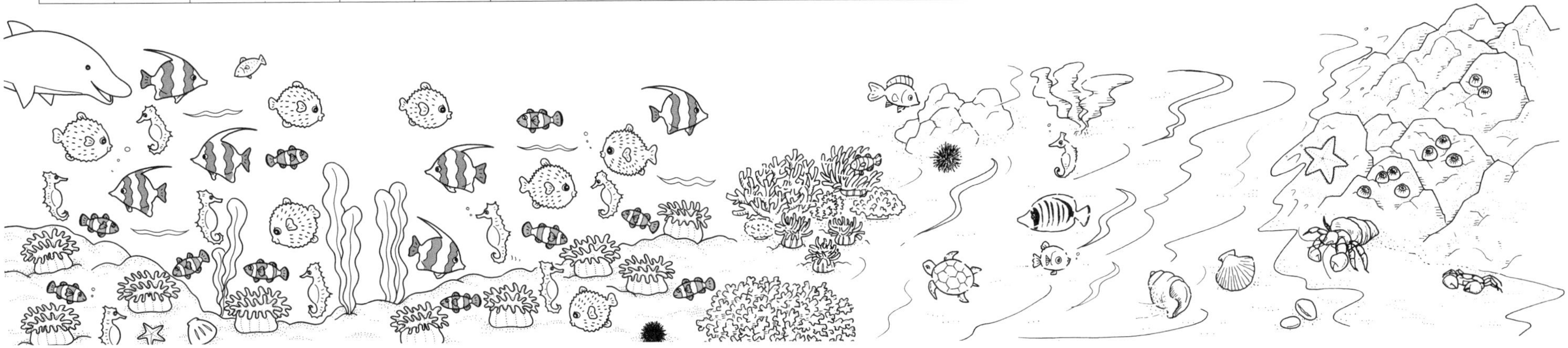

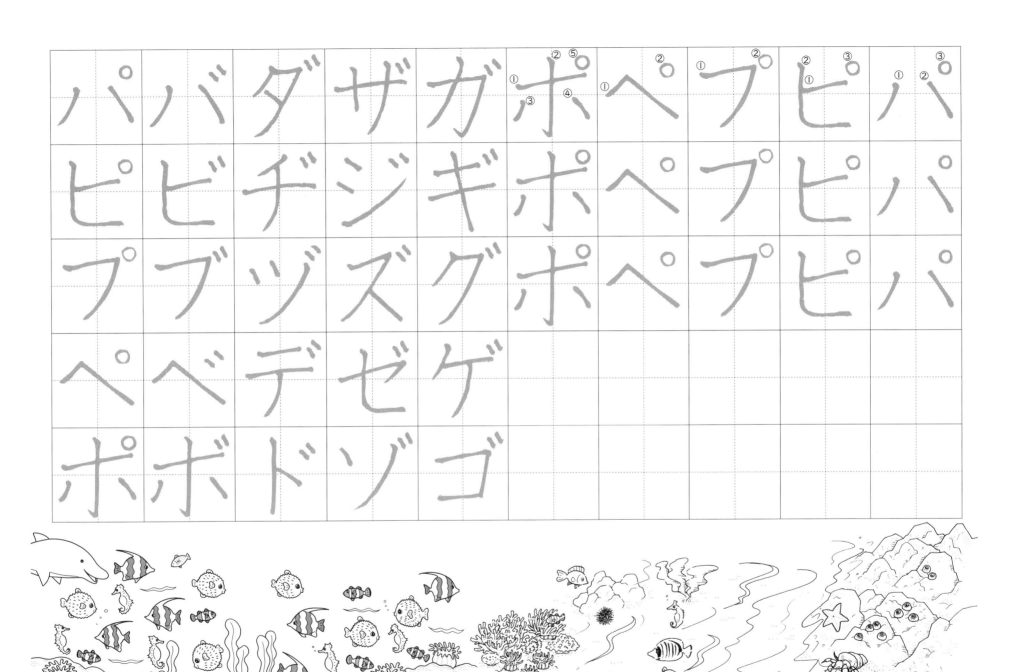

# くじらぐも (1)

なまえ

つぎの 文《ぶん》しょうを 二《に》かい よんで こたえましょう。

1

四《よ》じかんめの
ことです。
一《いち》ねん二《に》くみの
子《こ》どもたちが
たいそうを して
いると、空《そら》に、
大《おお》きな くじらが
あらわれました。

2

まっしろい くもの
くじらです。
「一《いち》、二《に》、三《さん》、四《し》。」
くじらも、たいそうを
はじめました。
のびたり
ちぢんだり して、
しんこきゅうも
しました。

（令和二年度版 光村図書 こくご 一下 ともだち なかがわ りえこ）

1

(1) なんじかんめの ことですか。

(2) 一《いち》ねん二《に》くみの 子《こ》どもたちは なにを して いますか。

(3) 空《そら》に、大《おお》きな なにが あらわれましたか。

2

(1) どんな くじらですか。

（　）まっくろい うみの くじら

（　）まっしろい くもの くじら

(2) くじらは、どんな たいそうを はじめましたか。

＿＿＿たり

＿＿＿だり して、

＿＿＿も

しました。

# くじらぐも (2)

なまえ

つぎの 文《ぶん》しょうを 二《に》かい よんで こたえましょう。

1

みんなが かけあしで
うんどうじょうを
まわると、
くもの くじらも、
空《そら》を まわりました。

2

せんせいが
ふえを ふいて、
とまれの あいずを
すると、くじらも
とまりました。

（令和二年度版 光村図書 こくご 一下 ともだち なかがわ りえこ）

1

(1) みんなは かけあしで、どこを まわりましたか。

(2) くもの くじらは、どこを まわりましたか。

［　　　］を まわりました。

2

(1) だれが ふえを ふきましたか。

(2) せんせいは ふえを ふいて、なにの あいずを しましたか。

［　　　］の あいず

(3) とまれの あいずで くじらも、どう しましたか。

# くじらぐも (3)

なまえ

つぎの 文《ぶん》しょうを 二《に》かい よんで こたえましょう。

1

「まわれ、みぎ。」
せんせいが
ごうれいを かけると、
くじらも、空《そら》で
まわれみぎを しました。

2

「Ⓐあの くじらは、
きっと がっこうが
すきなんだね。」

（令和二年度版 光村図書 こくご 一下 ともだち なかがわ りえこ）

1

(1) 「まわれ、みぎ。」と だれが ごうれいを かけましたか。

(2) くじらも、空《そら》で なにを しましたか。

2

(1) Ⓐあの くじらとは、どの くじらの ことですか。○を つけましょう。

（　）うみの くじら

（　）くもの くじら

(2) みんなは、くじらの ことを どう おもいましたか。

「あの くじらは、きっと ＿＿＿＿ が ＿＿＿＿ なんだね。」

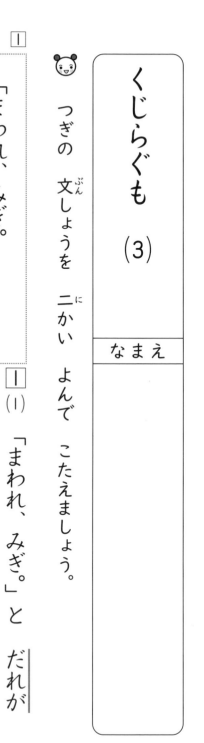

# くじらぐも (4)

なまえ

つぎの 文《ぶん》しょうを 二《に》かい よんで こたえましょう。

1 とうじょうじんぶつ みんな・くもの くじら 2

みんなは、
大《おお》きな こえで、
「おうい。」
と よびました。

「おうい。」
と、くじらも
こたえました。

1

(1) みんなは、どんな こえで よびましたか。

（　　　　）こえ

(2) みんなは、だれを よびましたか。

くもの（　　　　）

2

(1) くじらも、なんと こたえましたか。

「（　　　　）。」

(2) くじらは、だれに こたえましたか。

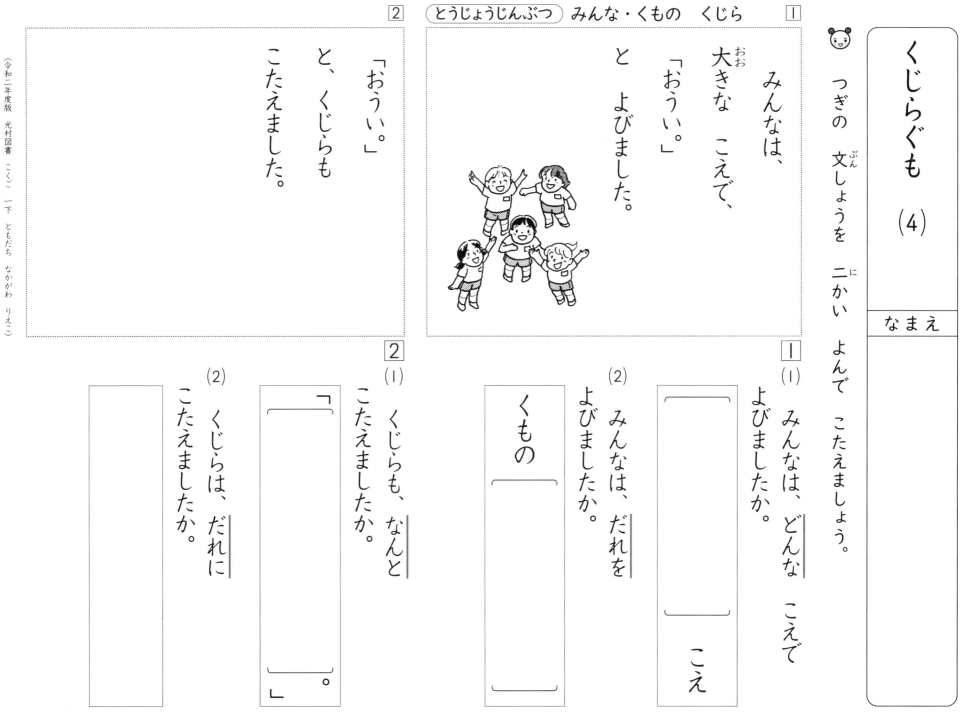

# くじらぐも (5)

なまえ

つぎの 文《ぶん》しょうを 二《に》かい よんで こたえましょう。

とうじょうじんぶつ みんな・くもの くじら

1

あ「ここへ おいでよう。」
みんなが さそうと、
い「ここへ おいでよう。」
と、くじらも
さそいました。

2

「よし きた。くもの
くじらに とびのろう。」
男《おとこ》の子《こ》も、
女《おんな》の子《こ》も、
はりきりました。

（令和二年度版 光村図書 こくご 一下 ともだち なかがわ りえこ）

1

(1) あの「ここへ おいでよう。」と さそったのは だれですか。

（　）みんな
（　）くじら

(2) いの「ここへ おいでよう。」と さそったのは、だれですか。

2

(1) みんなは、なにに とびのろうと いって いますか。

(2) だれが はりきりましたか。

［　　］の子《こ》も、［　　］の子《こ》も、はりきりました。

# くじらぐも (6)

なまえ

つぎの 文《ぶん》しょうを 二《に》かい よんで こたえましょう。

1 とうじょうじんぶつ みんな・くもの くじら

みんなは、手《て》を
つないで、
まるい わに
なると、
「天《てん》まで とどけ、
一《いち》、二《に》、三《さん》。」
と ジャンプしました。

2

でも、とんだのは、やっと
三十《さんじゅっ》センチぐらいです。
「もっと たかく。
もっと たかく。」
と、くじらが
おうえんしました。

（令和二年度版 光村図書 こくご 一下 ともだち なかがわ りえこ）

1

(1) みんなは 手《て》を つないで
どんな かたちに なりましたか。

（ ）まるい わ
（ ）まっすぐな せん

(2) みんなは、なんと いって
ジャンプしましたか。

「＿＿＿まで ＿＿＿、
＿＿＿、＿＿＿、＿＿＿。」

2

(1) ①だれが ②なんセンチぐらい
とびましたか。

① だれが

＿＿＿が

② なんセンチ

＿＿＿センチ

(2) だれが、おうえんしましたか。

＿＿＿

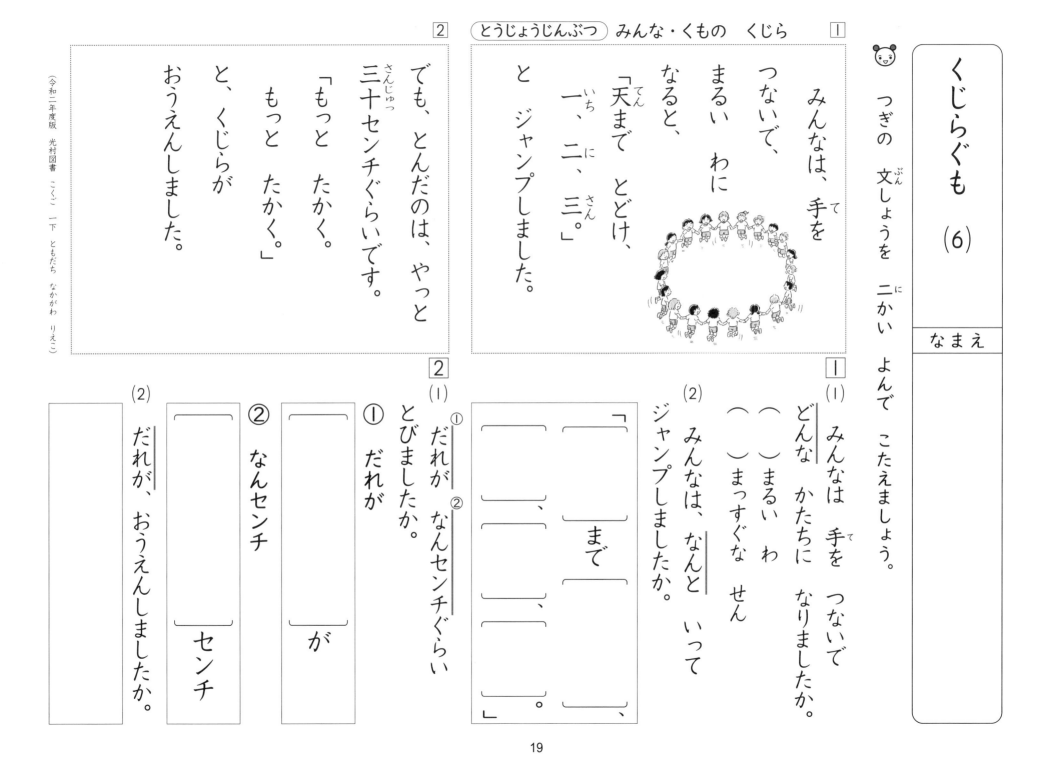

# くじらぐも (7)

なまえ

つぎの 文《ぶん》しょうを 二《に》かい よんで こたえましょう。

とうじょうじんぶつ　みんな・くもの　くじら

あ「天《てん》まで とどけ、
一《いち》、二《に》、三《さん》。」
こんどは、
五十《ごじゅっ》センチぐらい
とべました。
い「もっと たかく。
もっと たかく。」
と、くじらが
おうえんしました。

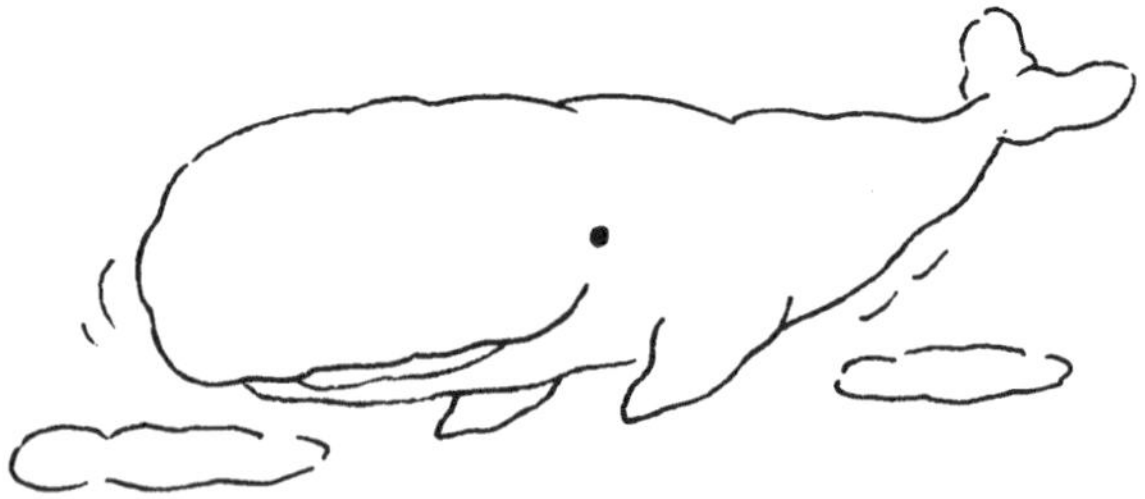

(1) あの「天《てん》まで とどけ、一《いち》、二《に》、三《さん》。」は、だれが いった ことばですか。

(2) いの「もっと たかく。」は、だれが いった ことばですか。

(3) こんどは、なんセンチぐらい とべましたか。

（　　　）センチ

(4) いの「もっと たかく。」と だれが、だれを おうえん しましたか。

（　）みんなが くじらを おうえんした。
（　）くじらが みんなを おうえんした。

（令和二年度版　光村図書　こくご　一下　ともだち　なかがわ　りえこ）

# くじらぐも （8）

なまえ

つぎの 文《ぶん》しょうを 二《に》かい よんで こたえましょう。

1

「天《てん》まで とどけ、
一《いち》、二《に》、三《さん》。」
その ときです。
Ⓐいきなり、かぜが、
みんなを 空《そら》へ
ふきとばし
ました。

2

そして、
Ⓘあっと いう まに、
せんせいと
子《こ》どもたちは、
手《て》を つないだ まま、
くもの くじらに
のって いました。

（令和二年度版 光村図書 こくご 一下 ともだち なかがわ りえこ）

1

(1) Ⓐいきなりと おなじ ことを あらわす ことばに ○を つけましょう。

（　）ゆっくり

（　）きゅうに

(2) かぜは、みんなを どこへ ふきとばしましたか。

2

(1) Ⓘあっと いう まと おなじ ことを あらわす ことばに ○を つけましょう。

（　）だんだんと

（　）とても みじかい あいだ

(2) だれと だれが、くもの くじらに のって いましたか。

（　　　）と

（　　　）たち

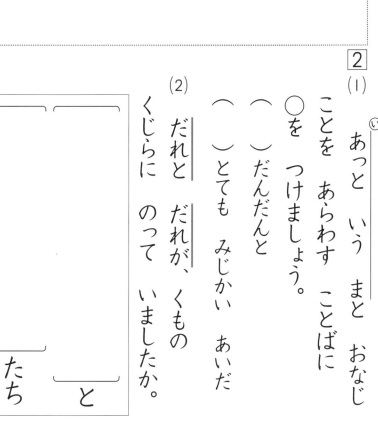

# くじらぐも (9)

なまえ

つぎの 文《ぶん》しょうを 二《に》かい よんで こたえましょう。

あ
「さあ、およぐぞ。」
くじらは、青《あお》い 青《あお》い
空《そら》の なかを、
げんき いっぱい
すすんで いきました。
うみの ほうへ、
むらの ほうへ、
まちの ほうへ。
みんなは、うたを
うたいました。
空《そら》は、どこまでも
どこまでも つづきます。

（令和二年度版 光村図書 こくご 一下 ともだち なかがわ りえこ）

(1) あの「さあ、およぐぞ。」と いったのは、だれですか。

(2) くじらは、どこへ すすんで いきましたか。

＿＿の ほうへ、
＿＿の ほうへ、
＿＿の ほうへ。

(3) みんなは、なにを しましたか。

みんなは、＿＿を ＿＿ました。

(4) どこまでも どこまでも つづいているのは、なにですか。

# くじらぐも (10)

なまえ

つぎの 文《ぶん》しょうを 二《に》かい よんで こたえましょう。

1

あ「おや、もう おひるだ。」
せんせいが
うでどけいを みて、
おどろくと、
「では、かえろう。」
と、くじらは、
いまわれみぎを
しました。

2

しばらく いくと、
がっこうの やねが、
みえて きました。
くじらぐもは、
ジャングルジムの
うえに、みんなを
おろしました。

（令和二年度版　光村図書　こくご　一下　ともだち　なかがわ　りえこ）

1

(1) あの「おや、もう おひるだ。」は、だれが いった ことばですか。

(2) いまわれみぎを したのは、だれですか。

2

(1) しばらく いくと、なにが みえて きましたか。

(2) くじらぐもは、どこに みんなを おろしましたか。

うえ

（　　　）の

# くじらぐも (11)

なまえ

つぎの 文《ぶん》しょうを 二《に》かい よんで こたえましょう。

1

あ「さようなら。」

みんなが
手《て》を ふった とき、
四《よ》じかんめの
おわりの
チャイムが
なりだしました。

2

い「さようなら。」

くもの くじらは、また、
げんき よく、
青《あお》い 空《そら》の なかへ
かえって いきました。

（令和二年度版 光村図書 こくご 一下 ともだち なかがわ りえこ）

1

(1) あの「さようなら。」と いったのは、だれですか。

(2) みんなが 手《て》を ふった とき なにが なりだしましたか。

（　　）じかんめの
（　　）の
チャイム

2

(1) いの「さようなら。」と いったのは だれですか。

(2) くもの くじらは、どんな ふうに かえって いきましたか。

（　　）よく、
青《あお》い（　　）の なかへ
かえって いきました。

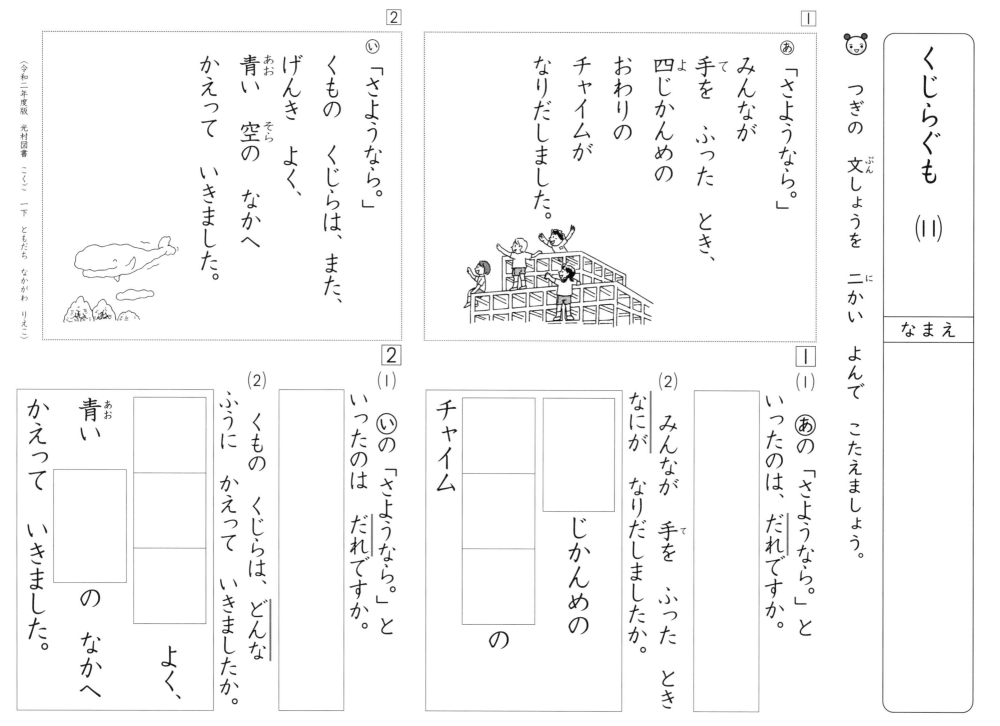

# じどう車《しゃ》くらべ （1）

なまえ

つぎの　文《ぶん》しょうを　二《に》かい　よんで　こたえましょう。

1

バスや
じょうよう車《しゃ》は、
人《ひと》を　のせて
はこぶ　しごとを
して　います。

2

その　ために、
ざせきの　ところが、
ひろく　つくって
あります。

3

そとの　けしきが
よく　見《み》えるように、
大《おお》きな　まどが
たくさん　あります。

1　バスや　じょうよう車《しゃ》は　どんな　しごとを　して　いますか。

（　　）を　のせて　（　　　）しごと

2　どこが　ひろく　つくって　ありますか。

（　　　）の　ところ

3　なにが　よく　見《み》えるように　大《おお》きな　まどが　たくさん　あるのですか。

（　　）



（令和二年度版　光村図書　こくご　一下　ともだち）

# じどう車《しゃ》くらべ (2)

なまえ

つぎの 文《ぶん》しょうを 二《に》かい よんで こたえましょう。

1

クレーン車《しゃ》は、
おもい ものを
つり上《あ》げる
しごとを
して います。

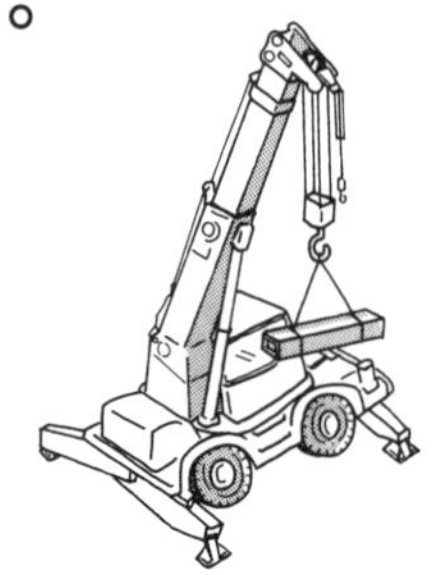

2

その ために、
じょうぶな ㋐うでが、
のびたり うごいたり
するように、
つくって あります。

3

車《しゃ》たいが
かたむかないように、
しっかりした あしが、
ついて います。

1 クレーン車《しゃ》は どんな
しごとを して いますか。

（　　　　　）ものを
（　　　　　）しごと。

2 ㋐うでが なにを するように
つくって ありますか。

（　　　　　）
するように、つくって あります。

3 車《しゃ》たいが かたむかないように、
なにが ついて いますか。

（　　　　　）

（令和二年度版　光村図書　こくご　一下　ともだち）

# たぬきの 糸車《いとぐるま》 (1)

なまえ

つぎの あらすじと 文《ぶん》しょうを 二《に》かい よんで こたえましょう。

むかし ある 山《やま》おくに、きこりの ふうふが すんで いました。まいばんのように たぬきが やって きて いたずらを しました。そこで、きこりは わなを しかけました。ある 月《つき》の きれいな ばん、おかみさんが 糸車《いとぐるま》を まわして 糸《いと》を つむいで いると やぶれしょうじの あなから、たぬきが のぞいて、糸車《いとぐるま》を まわす まねを して いました。それから、まいばん たぬきは 糸車《いとぐるま》を まわす まねを くりかえしました。おかみさんは、たぬきを「いたずらもんだが、かわいいな。」と おもいました。あるばん たぬきが、わなに かかって しまいました。おかみさんは、たぬきを にがして やりました。

1

やがて、山《やま》の 木《き》の はが おちて、ふゆが やって きました。

※わな……とりや けものを とる しかけ

2

ゆきが ふりはじめると、きこりの ふうふは、村《むら》へ 下《お》りて いきました。

※きこり……山《やま》で 木《き》を きる ことを しごとに して いる 人《ひと》。

※ふうふ……けっこんした おとこの人《ひと》と おんなの人《ひと》。

（令和二年度版 光村図書 こくご 一下 ともだち きし なみ）

1

(1) やがて 山《やま》の、なにが おちましたか。

(2) なにが やって きましたか。

2

(1) ゆきが ふりはじめると、きこりの ふうふは、どこへ おりて いきましたか。

[ ]へ 下《お》りて いきました。

# たぬきの 糸車《いとぐるま》 (2)

なまえ

つぎの 文《ぶん》しょうを 二《に》かい よんで こたえましょう。

はるに なって、また、
きこりの ふうふは、
山《やま》おくの こやに
㋐もどって きました。
とを あけた とき、
おかみさんは、
あっと
おどろきました。

（令和二年度版 光村図書 こくご 一下 ともだち きし なみ）

(1) きこりの ふうふは いつ ㋐もどって きましたか。

□□ に なって

(2) きこりの ふうふは、どこに ㋐もどって きましたか。

(3) とを あけた とき、おかみさんは、どう しましたか。

# たぬきの 糸車《いとぐるま》 (3)

なまえ

つぎの 文《ぶん》しょうを 二《に》かい よんで こたえましょう。



1

いたの間《ま》に、白《しろ》い 糸《いと》の たばが、山《やま》のように つんで あったのです。

2

そのうえ、ほこりだらけの はずの 糸車《いとぐるま》には、まきかけた 糸《いと》まで かかって います。

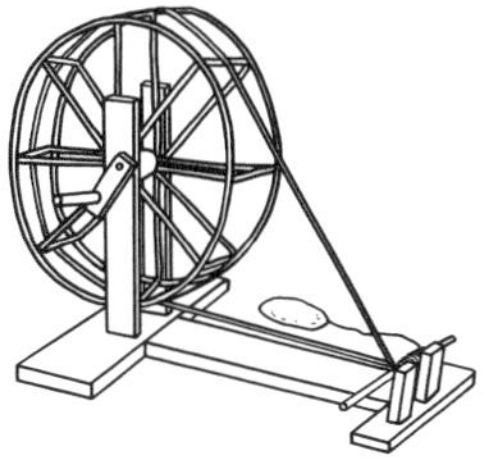

1 いたの間《ま》に、①なにが ②どのように つんで ありましたか。

① なに（が）

白《しろ》い [　　] の [　　] が

② どのように

[　　] のように つんで あったのです。

2 糸車《いとぐるま》には、なにが かかって いましたか。

[　　] まで かかって います。

（令和二年度版 光村図書 こくご 一下 ともだち きし なみ）

# たぬきの 糸車《いとぐるま》 (4)

なまえ

つぎの 文《ぶん》しょうを 二《に》かい よんで こたえましょう。

1

「はあて、ふしぎな。
どう した こっちゃ。」
おかみさんは、
そう おもいながら、
土間《どま》で ごはんを
たきはじめました。

2

すると、
キーカラカラ
キーカラカラ
キークルクル
キークルクル
と、糸車《いとぐるま》の まわる 音《おと》が、
きこえて きました。

(令和二年度版 光村図書 こくご 一下 ともだち きし なみ)

1

(1) おかみさんは どう おもいましたか。

はあて、□□□□ □□□□。
こっちゃ。

(2) おかみさんは、土間《どま》で なにを たきはじめましたか。

□□□

2

(1) キーカラカラ キークルクルは なんの 音《おと》ですか。

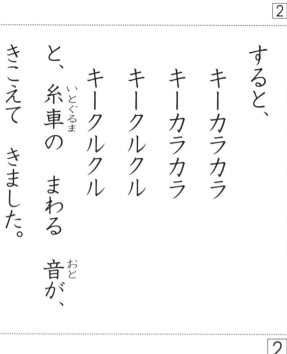

# たぬきの 糸車《いとぐるま》 (5)

なまえ

つぎの 文《ぶん》しょうを 二《に》かい よんで こたえましょう。

とうじょうじんぶつ　おかみさん・たぬき

びっくりして
ふりむくと、
いたどの かげから、
ちゃいろの しっぽが
㋐ちらりと 見《み》えました。
㋑そっと のぞくと、
いつかの たぬきが、
じょうずな 手《て》つきで、
糸《いと》を つむいで
いるのでした。

※つむぐ…わたや まゆを 糸《いと》にすること

（令和二年度版 光村図書 こくご 一下 ともだち きし なみ）

(1) ㋐ちらりと 見《み》えました。と ありますが、①どこから ②なにが 見《み》えましたか。

① どこ（から）

□□□の □□から

② なに（が）

□□□□の □□□が ちらりと 見《み》えました。

(2) ㋑そっと のぞいたのは だれですか。

□□□□□

(3) たぬきは なにを しているのですか。

［　　　　　］のでした。

# たぬきの 糸車《いとぐるま》 (6)

なまえ

つぎの 文《ぶん》しょうを 二《に》かい よんで こたえましょう。



たぬきは、
つむぎおわると、
こんどは、いつも
おかみさんが
して いた
とおりに、
たばねて わきに
つみかさねました。

（令和二年度版　光村図書　こくご　一下　ともだち　きし　なみ）

(1) 糸《いと》を つむいで いたのは だれですか。

□□□

(2) いつも おかみさんが して いた とおりに たぬきが した ことを かきましょう。

□□□ て

□□ に

□□□□□ ました。

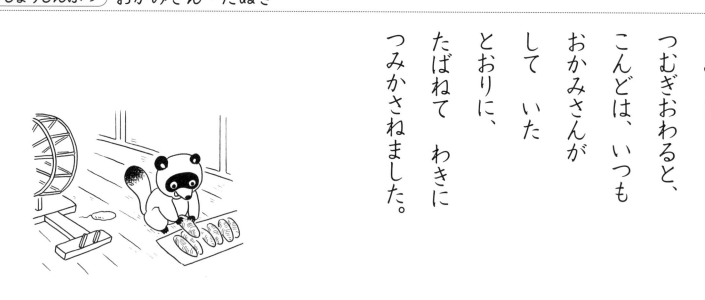

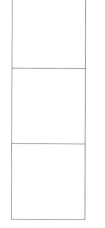

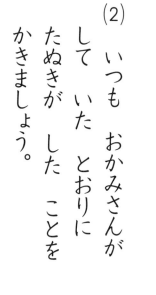

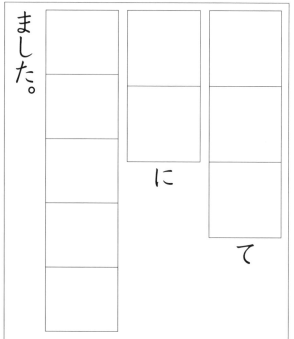

# たぬきの 糸車《いとぐるま》 (7)

なまえ

つぎの 文《ぶん》しょうを 二《に》かい よんで こたえましょう。

1

たぬきは、ふいに、おかみさんが のぞいて いるのに 気《き》が つきました。

※ふいに…とつぜん

2

とうじょうじんぶつ　おかみさん・たぬき

たぬきは、㋐ぴょこんと そとに とび下《お》りました。そして、㋑うれしくて たまらないと いうように、㋒ぴょんぴょこ おどりながら かえって いきましたとさ。

1

(1) たぬきは、だれが のぞいて いるのに 気《き》が つきましたか。

2

(1) たぬきは、㋐ぴょこんと なにを しましたか。

［　　］に［　　］ました。

(2) たぬきは、㋒ぴょんぴょこ なにを しましたか。

ながら いきました。

(3) たぬきは、なぜ ㋑うれしくて たまらないと いうように かえって いったのでしょうか。おもった ことを かきましょう。

（令和二年度版 光村図書 こくご 一下 ともだち きし なみ）

# どうぶつの 赤《あか》ちゃん (1)

つぎの 文《ぶん》しょうを 二《に》かい よんで こたえましょう。

なまえ

1

ライオンの 赤《あか》ちゃんは、生《う》まれた ときは、子《こ》ねこぐらいの 大《おお》きさです。

2

目《め》や 耳《みみ》は、とじた ままです。ライオンは、どうぶつの 王《おう》さまと いわれます。

1

(1) なんの 赤《あか》ちゃんの おはなしですか。

赤《あか》ちゃんの おはなし

（　　　　）の

(2) 生《う》まれた ときは どのぐらいの 大《おお》きさですか。

（　　　　）ぐらいの 大《おお》きさ。

2

(1) ライオンの 赤《あか》ちゃんの、生《う》まれた ときは、目《め》や 耳《みみ》は、どう なって いますか。

（　）大《おお》きく あいている。

（　）とじた まま。

(2) ライオンは なんと いわれますか。

（　　　　）の（　　　　）と いわれます。

（令和二年度版 光村図書 こくご 一下 ともだち ますい みつこ）

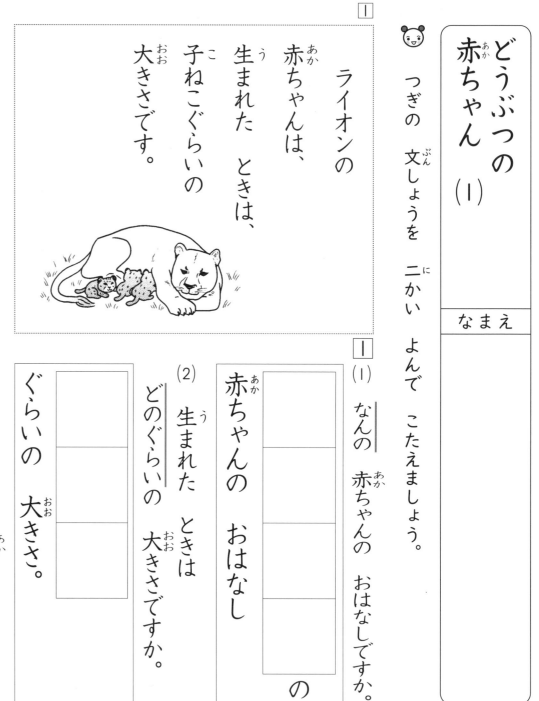

# どうぶつの赤《あか》ちゃん (2)

なまえ

つぎの 文《ぶん》しょうを 二《に》かい よんで こたえましょう。

1

けれども、赤《あか》ちゃんは、
よわよわしくて、
おかあさんに
あまり にて いません。

2

ライオンの
赤《あか》ちゃんは、じぶんでは
あるく ことが
できません。
よそへ いく ときは、
おかあさんに、
口《くち》に くわえて
はこんで
もらうのです。

（令和二年度版 光村図書 こくご 一下 ともだち ますい みつこ）

1

(1) ライオンの 赤《あか》ちゃんは、どんな ようすですか。

（　）よわよわしい。

（　）とても つよそうだ。

(2) ライオンの 赤《あか》ちゃんは おかあさんに にて いますか。□に あてはまる ことばを かきましょう。

あまり ＿＿＿＿。

2

(1) ライオンの 赤《あか》ちゃんは じぶんで あるけますか。

じぶんでは あるく ことが ＿＿＿＿。

(2) よそへ いく ときは、どんな ふうに はこんで もらいますか。

＿＿＿＿に、＿＿＿＿に はこんで もらうのです。

# どうぶつの 赤《あか》ちゃん (3)

なまえ

つぎの 文《ぶん》しょうを 二《に》かい よんで こたえましょう。

ライオンの 赤《あか》ちゃんは、生《う》まれて 二《に》か月《げつ》ぐらいは、おちちだけ のんで いますが、やがて、おかあさんの とった えものを たべはじめます。

※えもの…どうぶつが じぶんの たべものとして つかまえる いきもの。

（令和二年度版 光村図書 こくご 一下 ともだち ますい みつこ）

(1) ライオンの 赤《あか》ちゃんは、なにを のんで いますか。［ ］に かきましょう。

生《う》まれて二《に》か月《げつ》ぐらいは、［　　　　］だけ のんで います。

(2) やがて ライオンの 赤《あか》ちゃんは なにを たべはじめますか。

□□□□□の

とった □□□

# どうぶつの 赤《あか》ちゃん (4)

なまえ

つぎの 文《ぶん》しょうを 二《に》かい よんで こたえましょう。

1

一年《いちねん》ぐらい たつと、
おかあさんや
なかまが
するのを 見《み》て、
えものの
とりかたを
おぼえます。

2

そして、じぶんで
つかまえて
たべるように
なります。

（令和二年度版　光村図書　こくご　一下　ともだち　ますい　みつこ）

1 一年《いちねん》ぐらい たつと、なにを おぼえますか。

おかあさんや
□□□が
するのを 見《み》て、
□□□の
□□□□を
おぼえます。

2 そして、なにを じぶんで つかまえて たべるように なりますか。

□□□

# ありがとう

なまえ

つぎの　しを　二《に》かい　よんで　こたえましょう。

ありがとう　しょうじ　たけし

ありがとう
ありがとう
いえば　とっても
いい　きもち
いわれりゃ　もっと
いい　きもち
ありがとう
ありがとう

※いえば…いったら、いうと。
※いわれりゃ…いわれると

（令和二年度版　東京書籍　あたらしい　こくご　一下　しょうじ　たけし）

(1)　この　しの、はじめの　ことばを　かきましょう。

(2)　「ありがとう」と、いうと　どんな　きもちに　なりますか。

きもち

(3)　「ありがとう」と、いわれると　どんな　きもちに　なりますか。

きもち

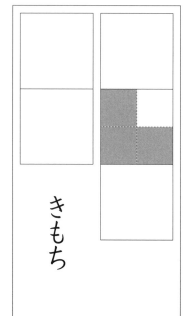

# サラダで げんき (1)

なまえ

つぎの あらすじと 文《ぶん》しょうを 二《に》かい よんで こたえましょう。

りっちゃんは、びょうきの おかあさんに、なにか いい ことを して あげたいと おもいました。そして、おかあさんに おいしくて げんきに なる サラダを つくって あげようと、サラダを つくり はじめました。すると、のらねこが「かつおぶしを 入《い》れると いいですよ。」と、おしえて くれたので りっちゃんは サラダに かつおぶしを いれました。犬《いぬ》は「ハムサラダが、いちばんさ。」と、おしえて くれたので ハムを 入《い》れました。すずめは「とうもろこしを 入《い》れないと げんきに なれない。うたも じょうずに なれない。」と、おしえて くれたので とうもろこしを 入《い》れました。

とうじょうじんぶつ　りっちゃん・あり

すると、㋐こそこそと、
小《ち》さな
おとが
しました。
㋑「あら、だれかしら。」
㋒「ぼく、ぼくですよ。」
ありが ずらりと
ならんで いました。

※ずらり…たくさん ならんでいる ようす。

（令和二年度版 東京書籍 あたらしい こくご 一下 かどの えいこ）

(1) ㋐こそこそと、どんな おとが しましたか。

「　　」おと

(2) ㋑と㋒の ことばは、りっちゃんか ありの どちらが いった ことばですか。

㋑

㋒

# サラダで げんき (2)

なまえ

つぎの 文《ぶん》しょうを 二《に》かい よんで こたえましょう。

とうじょうじんぶつ　りっちゃん・あり

㋐「サラダには
おさとうを
ちょっぴり。
これが こつ。
おかげで、ありは
いつも
はたらきものさ。」
㋑「まあ、おしえて
くれて
ありがとう。
じゃ、
㋒ちょっとだけ。」

※こつ…よい やりかた。ここでは、サラダを おいしくする やりかた。

（令和二年度版 東京書籍 あたらしい こくご 一下 かどの えいこ）

(1) ㋐と㋑の ことばは、だれが いった ことばですか。

㋐

㋑

(2) ありは サラダに なにを 入《い》れると いいと いいましたか。

(3) りっちゃんは ㋒ちょっとだけ なにを しましたか。

ちょっとだけ サラダに ［　　　　］を 入《い》れました。

# サラダで げんき (3)

なまえ

つぎの 文《ぶん》しょうを 二《に》かい よんで こたえましょう

1 とうじょうじんぶつ　りっちゃん・うま・おまわりさん

こんどは、
おまわりさんを
のせた うまが
やってきました。
あ「なんと いっても、
サラダには にんじん。
おかげで、かけっこは
いつも 一《いっ》とうしょう。」
い「まあ、ありがとう。」

2

うその とき、
「でんぽうでえす。」
と、こえが して、
でんぽうが とどきました。

（令和二年度版　東京書籍　あたらしい　こくご　一下　かどの　えいこ）

1

(1) あといの ことばは、だれが いった ことばですか。（ ）に あか いの あてはまるほうを かきましょう。

（ ）りっちゃん

（ ）うま

(2) うまは、サラダに なにを 入《い》れると いいと いいましたか。

(3) サラダに にんじんを いれると かけっこは いつも なんとうしょうですか。

2

(1) うその とき とは どんなときですか。○を つけましょう。

（ ）かけっこで 一《いっ》とうしょうに なった とき。

（ ）りっちゃんが 「まあ、ありがとう。」と いった とき。

# サラダで げんき (4)

なまえ

つぎの 文《ぶん》しょうを 二《に》かい よんで こたえましょう。

りっちゃんに でんぽうが とどきました。

㋐「サラダには
うみの こんぶ
入《い》れろ、
かぜ ひかぬ、
いつも げんき。
ほっきょくかい
白《しろ》くまより。」

※ほっきょくかい…ちきゅうの きたに ある つめたい うみ

（令和二年度版 東京書籍 あたらしい こくご 一下 かどの えいこ）

(1) でんぽうに かいてある はじめの 五《ご》もじを かきましょう。

| | | | | |
|---|---|---|---|---|
| | | | | |

(2) サラダには なにを 入《い》れろ、と かいて ありましたか。

（　　　）の（　　　）

(3) それを たべると どうなりますか。二《ふた》つに ○を つけましょう。

（　）かぜ ひかぬ。
（　）およぎ うまい。
（　）いつも げんき。

(4) ㋐の でんぽうは だれから とどきましたか。

ほっきょくかい（　　　）より。

# サラダで げんき (5)

なまえ

つぎの あらすじと 文《ぶん》しょうを 二《に》かい よんで こたえましょう。

りっちゃんは、びょうきの おかあさんの ために サラダを つくって います。そこへ、白《しろ》くまから でんぽうが とどきました。

1

りっちゃんは、こえを 出《だ》して でんぽうを よむと、こんぶを きって、サラダに 入《い》れました。

Ⓐ「さあ、Ⓘこれで できあがり。」

2

「おかあさん、サラダが できましたよ。Ⓤいっしょに Ⓔいただきましょう。」

りっちゃんは、大《おお》きな こえで いいました。

（令和二年度版 東京書籍 あたらしい こくご 一下 かどの えいこ）

1

(1) Ⓐの ことばは、だれが いいましたか。

[　　　　]

(2) Ⓘこれで できあがり と いう ことばは、りっちゃんが なにを した あとに いいましたか。

[　　　　]、[　　　　]を サラダに 入《い》れた あと。

2

(1) りっちゃんと、だれが Ⓤいっしょに いただきますか。

[　　　　]

(2) Ⓔいただきましょう と おなじ ことを あらわす ものに ○を つけましょう。

（　）たべましょう。

（　）あそびましょう。

# サラダで げんき (6)

なまえ

つぎの 文《ぶん》しょうを 二《に》かい よんで こたえましょう。

とつぜん、
キューン、
ゴー ゴー、
キューと いう
おとが して、
ひこうきが
とまると、
アフリカぞうが
㋐せかせかと
おりて きました。

※せかせかと…いそいで いる ようす。

（令和二年度版 東京書籍 あたらしい こくご 一下 かどの えいこ）

(1) ひこうきの おとを かきましょう。

(2) ㋐せかせかと おりて きました に ついて こたえましょう。

① だれが おりて きましたか。

② どこから おりて きましたか。

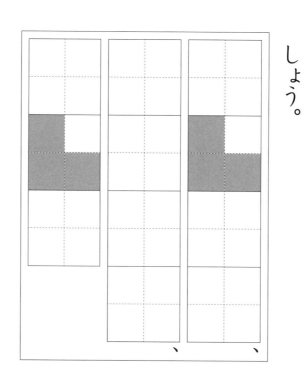

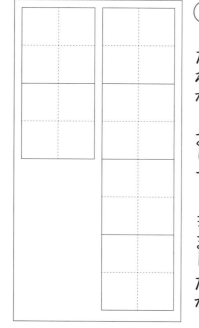

# サラダで げんき (7)

なまえ

つぎの あらすじと 文《ぶん》しょうを 二《に》かい よんで こたえましょう。

りっちゃんは、びょうきの おかあさんの ために サラダを つくって います。ひこうきが とまると アフリカぞうが おりて きました。

とうじょうじんぶつ　りっちゃん・アフリカぞう

1

ⓐ「ⓘまにあって
よかった　よかった。
ひとつ
おてつだいしましょう。」

2

ⓤ「ありがとう。でも、
もう　ⓔできあがったの。」
りっちゃんは
いいました。
ⓞ「いや　いや、
これからが
ぼくの　しごと。」

1

(1) ⓐの　ことばは、だれが　いった　ことばですか。○を　つけましょう。

（　）りっちゃん
（　）アフリカぞう

(2) なにに　ⓘまにあった　のですか。○を　つけましょう。

（　）ひこうきの　しゅっぱつ。
（　）サラダを　たべ　はじめる　こと。

2

(1) ⓤとⓞの　ことばは、だれが　いった　ことば　ですか。

ⓤ

ⓞ

(2) なにが　ⓔできあがったのですか。

（令和二年度版　東京書籍　あたらしい　こくご　一下　かどの　えいこ）

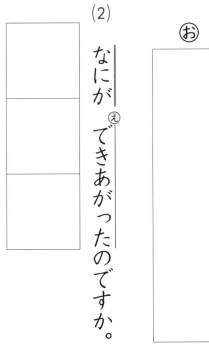

# サラダで げんき ⑻

なまえ

つぎの 文《ぶん》しょうを 二《に》かい よんで こたえましょう。

アフリカぞうは、
サラダに あぶらと
しおと すを
かけると、
スプーンを
はなで にぎって、
力《ちから》づよく
くりん くりんと
まぜました。

(1) アフリカぞうが サラダに かけた ものは、なにですか。三《みっ》つ かきましょう。

(2) アフリカぞうは スプーンを からだの どこで にぎりましたか。

(3) アフリカぞうは サラダを どんな ふうに まぜましたか。○を つけましょう。
（　）やさしく くりん くりんと。
（　）力《ちから》づよく くりん くりんと。



（令和二年度版 東京書籍 あたらしい こくご 一下 かどの えいこ）

# サラダで げんき (9)

なまえ

つぎの 文《ぶん》しょうを 二《に》かい よんで こたえましょう。

1

㋐「おかあさん、さあ、
いっしょに
サラダを
いただきましょ。」
と、りっちゃんは
いいました。

2

りっちゃんの
おかあさんは、
サラダを たべて、
㋑たちまち げんきに
なりました。

（令和二年度版 東京書籍 あたらしい こくご 一上 うちだ りさこ やく）

1

(1) ㋐の ことばは、①だれが ②だれに いった ことばですか。

① だれ（が）

[　　　　] が

② だれ（に）

[　　　　] に いった ことば。

2

(1) ㋑たちまちと おなじ ことを あらわす ものに ○を つけましょう。

（　）すぐに。

（　）だんだんと。

(2) りっちゃんの おかあさんは サラダを たべて どう なりましたか。

たちまち [　　　　] に なりました。

# おとうとねずみ チロ（1）

なまえ

つぎの 文《ぶん》しょうを 二《に》かい よんで こたえましょう。

1

ある 日《ひ》、三《さん》びきの ねずみの きょうだいの ところへ、おばあちゃんから 手《て》がみが とどきました。

それには、こんな ことが かいて ありました。

2

あたらしい けいとで、おまえたちの チョッキを あんで います。けいとの いろは、赤《あか》と 青《あお》です。もう すぐ あみあがります。たのしみに まって いて ください。

（令和二年度版 東京書籍 あたらしい こくご 一下 もりやま みやこ）

1

(1) 手《て》がみは、①だれから ②だれの ところへ とどきましたか。

① だれ（から）

［　　　　］から

② だれ（の ところへ）

［　　　　］の ところへ とどいた。

2

(1) 2の 文《ぶん》は、だれからの 手《て》がみですか。○をしましょう。

（　）おばあちゃんからの 手《て》がみ。

（　）きょうだいからの 手《て》がみ。

(2) おばあちゃんは なにを あんで いますか。

# おとうとねずみ　チロ　(2)

なまえ

つぎの　あらすじと　文《ぶん》しょうを　二《に》かい　よんで　こたえましょう。

おばあちゃんから　手《て》がみが　とどきました。手《て》がみには　「あたらしい　けいとで　おまえたちの　チョッキを　あんで　います。いろは　赤《あか》と　青《あお》です。」と　かいて　ありました。

1

さあ、三《さん》びきは　大《おお》よろこび。

あ「ぼくは　い赤《あか》が　いいな。」

にいさんねずみが　いいました。

2

う「わたしは　青《あお》が　すき。」

ねえさんねずみが　いいました。

「ぼくは　赤《あか》と　青《あお》。」

おとうとねずみが　いいました。

1

(1) あ「ぼくは　赤《あか》が　いいな。」と　いったのは　だれですか。

［　　　　］ねずみ

(2) い赤は、なにの　いろのこと　ですか。

［　　　　］

2

(1) うの　ことばは　だれが　いった　ことばですか。

［　　　　］

(2) おとうとねずみは　なにいろが　いいと　いいましたか。

［　　　］と［　　　］

（令和二年度版　東京書籍　あたらしい　こくご　一下　もりやま　みやこ）

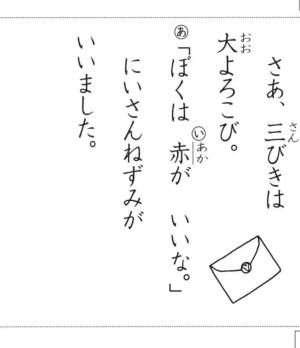

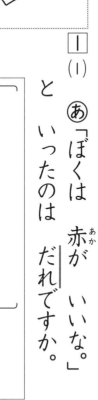

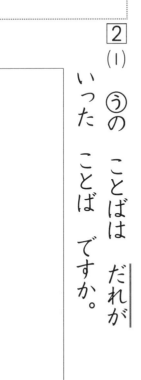

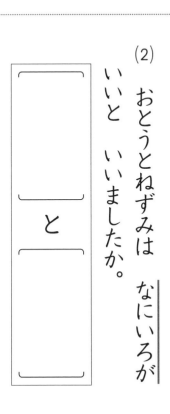

# おとうとねずみ チロ (3)

なまえ

つぎの 文《ぶん》しょうを 二《に》かい よんで こたえましょう。

にいさんねずみは 赤《あか》、ねえさん ねずみは 青《あお》、おとうとねずみは 赤《あか》と 青《あお》の チョッキが いいと いいました。

あ「チロのは ないよ。」
にいさんねずみが
いいました。
チロと いうのは、
おとうとねずみの
名《な》まえです。
い「そうよ。
青《あお》いのと
赤《あか》いのだけよ。」
ねえさんねずみが
いいました。

(1) あの ことばは ①だれが、②だれに、いった ことばですか。

① だれ（が）

［　　　］ねずみが

② だれ（に）

［　　］［　　］に

(2) チロは、だれの 名《な》まえですか。○を つけましょう。

（　）にいさんねずみ
（　）ねえさんねずみ
（　）おとうとねずみ

(3) いの ことばは だれが いった ことばですか。

［　　　　］

（令和二年度版 東京書籍 あたらしい こくご 一下 もりやま みやこ）

# おとうとねずみ　チロ　(4)

なまえ

つぎの　文《ぶん》しょうを　二《に》かい　よんで　こたえましょう。

おばあちゃんが　チョッキを　あんで　くれています。「チロのは　ないよ。」と、にいさんねずみが　いいました。

Ⓐ「そんな　こと　ないよ。
Ⓘぼくのも　あるよ。」
チロは、あわてて
いいかえしましたが、
ほんとうは、とても
Ⓤしんぱいでした。

(1)　Ⓐの　ことばは　だれが　いった　ことばですか。

(2)　Ⓘぼくのも　あるよ　は、ぼくの　なにが　あるのですか。
○を　つけましょう。
（　）ぼくの　チョッキ。
（　）ぼくの　くつした。

(3)　チロは　どんなことが　Ⓤしんぱい　でしたか。
○を　つけましょう。
（　）おばあちゃんは　チロの　チョッキも　あんでくれるかな。
（　）にいさんねずみは　チョッキを　あんでくれるかな。

（令和二年度版　東京書籍　あたらしい　こくご　一下　もりやま　みやこ）

# おとうとねずみ チロ (5)

なまえ

つぎの 文《ぶん》しょうを 二《に》かい よんで こたえましょう。

もしかすると、
おばあちゃんは、
いちばん 小《ちい》さい
チロの ことを
㋐わすれて
しまったのかも
しれません。
「㋑そうだったら、
どう しよう。」

(1) もしかすると、だれが、だれの ことを ㋐わすれて しまったのかも しれないのですか。

もしかすると
［　　　　］は、
いちばん 小《ちい》さい
［　　　　］の ことを
わすれて しまったのかも
しれません。

(2) ㋑そうだったらに ついて、ただしいほうに ○を つけましょう。

（　）おばあちゃんが、チロの チョッキを あんで くれて いたら。

（　）おばあちゃんが、チロの チョッキを あんで くれて いなかったら。

（令和二年度版　東京書籍　あたらしい　こくご　一下　もりやま　みやこ）

# おとうとねずみ チロ (6)

なまえ

つぎの 文《ぶん》しょうを 二《に》かい よんで こたえましょう。

もしかすると、おばあちゃんは、いちばん 小《ちい》さい チロの ことを わすれて しまったのかも しれません。

1

にいさんねずみや ねえさんねずみと ちがって、チロは、まだ 字《じ》が かけません。

2

だから、手《て》がみで おばあちゃんに たのむ ことも できないのです。

(令和二年度版 東京書籍 あたらしい こくご 一下 もりやま みやこ)

1

(1) にいさんねずみや ねえさんねずみと ちがって チロは なにが できませんか。文《ぶん》の ことばで かきましょう。

まだ ［　　　］が ［　　　］。

2

(1) 手《て》がみで おばあちゃんに たのむ ことが できないのは、だれですか。

［　　　］

(2) チロは おばあちゃんに、どんな ことを たのみたいのですか。○を つけましょう。

( )チロの チョッキを あんで もらうこと。

( )いもうとの チョッキを あんで もらうこと。

# みみずの たいそう

なまえ

つぎの しを 二《に》かい よんで こたえましょう。

## みみずの たいそう

かんざわ としこ

つちの なかから とびだして
みみずの たいそう
ぴん ぴこ ぴん
もつれて のびて
もつれて のびて
そら げんきよく
ぴん ぴこ ぴん

あさの くうきを
いっぱい すって
みみずの たいそう
ぴん ぴこ ぴん
はりきり はじけて
はねすぎて
ちきゅうの そとへ
ぴん ぴこ
ぴいん

（令和二年度版 東京書籍 あたらしい こくご 一下 かんざわ としこ）

(1) みみずは どこから とびだしましたか。

□□ の □□

(2) 「ぴん ぴこ ぴん」とは、なにが たいそうを して いる ようすを あらわして いますか。

(3) みみずが はねすぎて ちきゅうの そとへ いく ようすを どんな ことばで あらわして いますか。□に かきましょう。

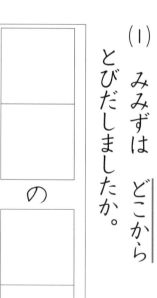

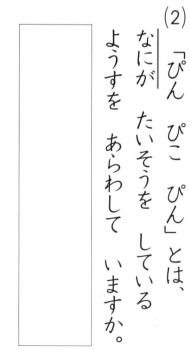

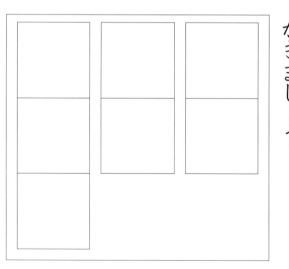

# あめの うた

なまえ

つぎの しを 二《に》かい よんで こたえましょう。

あめの うた

つるみ まさお

あめは ひとりじゃ うたえない、
ⓐきっと だれかと いっしょだよ。
やねと いっしょに やねの うた
つちと いっしょに つちの うた
かわと いっしょに かわの うた
はなと いっしょに はなの うた。

あめは だれとも なかよしで、
どんな うたでも しってるよ。
やねで とんとん やねの うた
つちで ぴちぴち つちの うた
かわで つんつん かわの うた
はなで しとしと はなの うた。

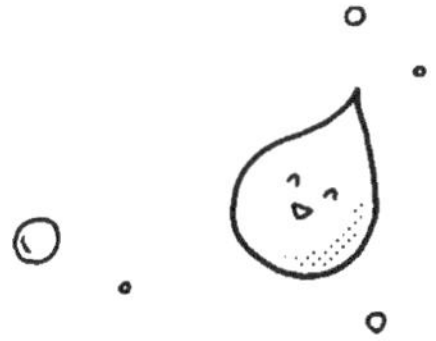

（令和二年度版 教育出版 ひろがることば しょうがくこくご 一下 つるみ まさお）

(1) ⓐきっと だれかと いっしょだよ。と ありますが、あめは だれと いっしょに うたって いますか。四《よっ》つ かきましょう。

(2) うえと したで あうものを ――せんで むすびましょう。

① ぴちぴち・ ・はなの うた
② つんつん・ ・つちの うた
③ しとしと・ ・かわの うた
④ とんとん・ ・やねの うた

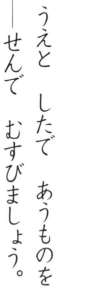

# はたらく じどう車《しゃ》（1）

なまえ

つぎの 文《ぶん》しょうを 二《に》かい よんで こたえましょう。

1

ショベルカーは、
じめんを ほったり、
けずったり する
じどう車《しゃ》です。

2

ですから、
ながい うでと
じょうぶな
バケットを
もって います。

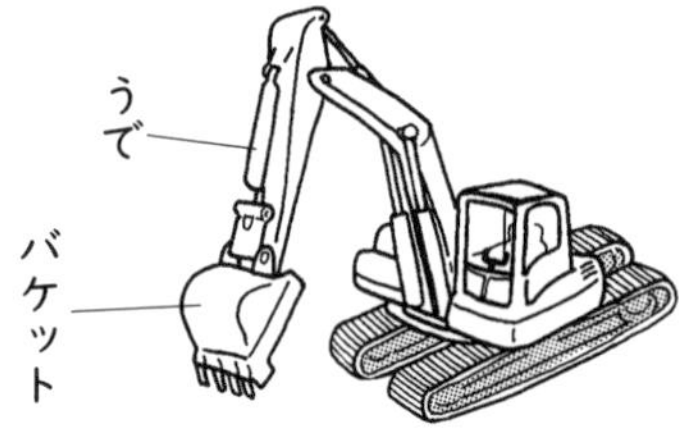


※バケット…すなや いしを すくって いれる 大《おお》きな いれもの。

1 ショベルカーは どんな やくわりを する じどう車《しゃ》 ですか。

じめんを □□□□、□□□□□ する じどう車《しゃ》。

2 ショベルカーは どんな ものを もって いますか。二《ふた》つ かきましょう。



（令和二年度版 教育出版 ひろがることば しょうがくこくご 一下）

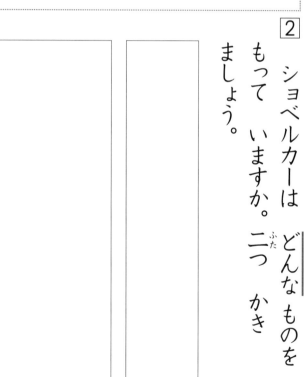

# はたらく じどう車《しゃ》 (2)

なまえ

つぎの 文《ぶん》しょうを 二《に》かい よんで こたえましょう。

ショベルカーは、
こうじの ときに、
うでと バケットを
うごかして、
土《つち》を けずり、
べつの ばしょに
はこびます。

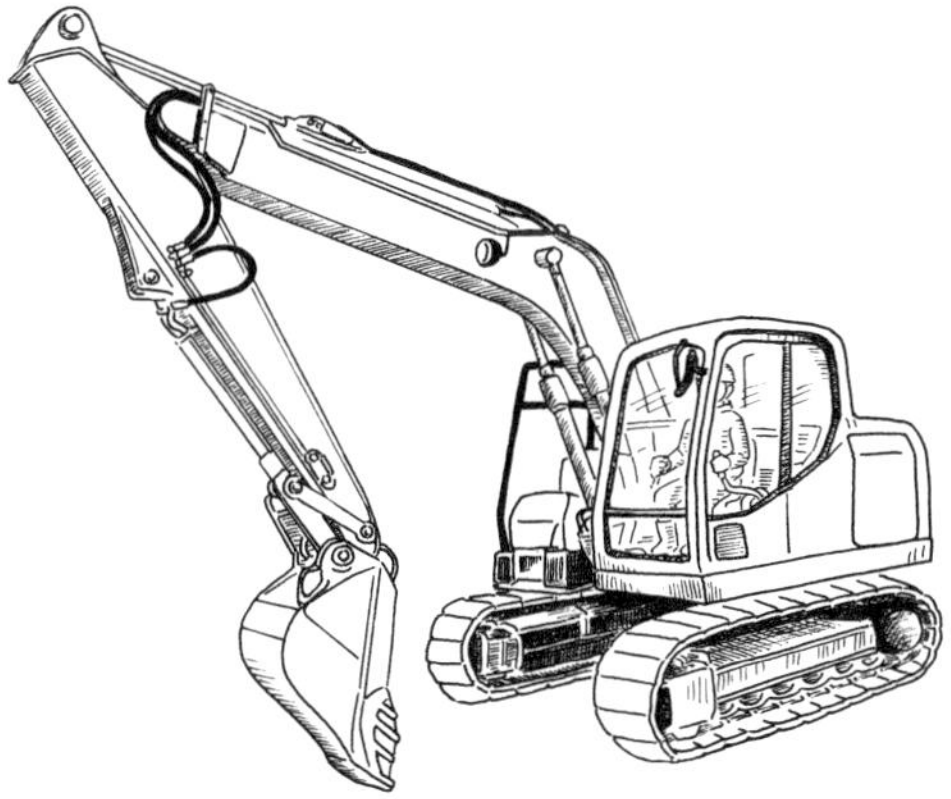

ショベルカーは
① どんな ときに
② なにを うごかして
③ なにを するのですか。

① どんな ときに

（　　　）の ときに、

② なにを うごかして

（　　　）と （　　　）を うごかして、

③ なにを するのですか。

土《つち》を （　　　）、
べつの ばしょに
（　　　）ます。

（令和二年度版　教育出版　ひろがることば　しょうがくこくご　一下）

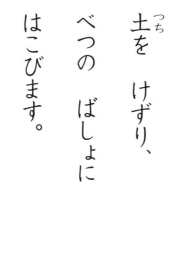

# はたらく じどう車《しゃ》 (3)

なまえ

つぎの 文《ぶん》しょうを 二《に》かい よんで こたえましょう。

1

ポンプ車《しゃ》は、水《みず》を つかって かじの 火《ひ》を けす じどう車《しゃ》です。

2

ですから、水《みず》を すい上《あ》げたり、まいたり する ホースを つんで います。

1

(1) ポンプ車《しゃ》は ①なにを つかって ②どんな やくわりを する じどう車《しゃ》ですか。

① なにを つかって

[　　　]を つかって

② どんな やくわりを する

[　　　]の [　　　]を [　　　] じどう車《しゃ》です。

2

(1) ポンプ車《しゃ》は なにを つんで いますか。

[　][　][　]

(2) ポンプ車《しゃ》は どんな ホースを つんで いますか。

水を [　　　]たり [　　　]たり する ホースを つんで います。

(令和二年度版 教育出版 ひろがることば しょうがくこくご 一下)

# はたらく じどう車《しゃ》 (4)

なまえ

つぎの 文《ぶん》しょうを 二《に》かい よんで こたえましょう。

ポンプ車《しゃ》は、
いけや
しょうかせんから
すい上《あ》げた 水《みず》を、
ホースで まいて、
火《ひ》を けします。

※しょうかせん…かじを けすための すいどうの せん。

(1) なんという じどう車《しゃ》の ことが かいてありますか。

(2) ポンプ車《しゃ》は 水《みず》を どこから すい上《あ》げますか。二《ふた》つ かきましょう。

(3) ポンプ車《しゃ》は 水《みず》を、ホースで まいて、なにを しますか。文《ぶん》の ことばで かきましょう。

（令和二年度版 教育出版 ひろがることば しょうがくこくご 一下）

# ゆき

なまえ

つぎの　しを　二《に》かい　よんで　こたえましょう。

1

2

3

ゆき

かわさき　ひろし

はつゆき　ふった
こなゆき　だった
くつの　下《した》で
きゅっきゅと　ないた

どかゆき　ふった
のしのし　ふって
ずんずん　つもり
ねゆきに　なった

べたゆき　ふって
ぼたゆき　ふって
ざらめゆきに　なって
もう　すぐ　はるだ

（令和二年度版　教育出版　ひろがることば　しょうがくこくご　一下　かわさき　ひろし）

(1) 1で　はつゆきは　どんな　ゆきでしたか。

(2) 1で　こなゆきが　くつの下《した》で　ないた　おとを　かきましょう。

(3) 2で　どかゆきは　どんな　ゆきに　なりましたか。

(4) 3で　ざらめゆきに　なったら　もう　すぐ　きせつは　なにに　なりますか。

(5) しの　中《なか》には　どんな　ゆきが　かかれて　いますか。ゆきの　なまえを　七《なな》つ　さがして　よこに　――せんを　ひきましょう。

# みぶりで つたえる (1)

なまえ

つぎの 文《ぶん》しょうを 二《に》かい よんで こたえましょう。

1

わたしたちは、ことばだけで なく、みぶりでも、気《き》もちや かんがえを つたえあって います。

2

くびを たてに ふると「はい」、よこに ふると「いいえ」、よこに かたむけると「よく わからない」と いう いみに なります。

（令和二年度版　教育出版　ひろがることば　しょうがくこくご　二下　のむら　まさいち）

1 わたしたちが 気《き》もちや かんがえを つたえあうのに つかう ものを 二《ふた》つ かきましょう。

2 つぎの ①②③の ように くびを うごかすと、どんな いみに なりますか。

① くびを たてに ふる

② くびを よこに ふる。

③ くびを よこに かたむける。

# みぶりで つたえる (2)

なまえ

つぎの 文《ぶん》しょうを 二《に》かい よんで こたえましょう。

1

くちびるに
人《ひと》さしゆびを
あてると
「しずかに しよう」
と いう
いみに
なります。

2

このような とき、
みぶりは
㋐ことばの かわりを
して います。

1 「しずかに しよう」と いう いみを あらわす ときは、①どこに ②なにを ③どうしますか。

① どこ（に）

（　　　　）に

② なに（を）

（　　　　）を

③ どうする

（　　　　）

2 ㋐ことばの かわりを する ものは なにですか。

（　　　　）

（令和二年度版　教育出版　ひろがることば　しょうがくこくご　一下　のむら　まさいち）

# みぶりで つたえる (3)

なまえ

つぎの 文《ぶん》しょうを 二《に》かい よんで こたえましょう。

ともだちに、
「こんな 大《おお》きな
さつまいもを
ほったよ。」
と はなす とき、
さつまいもの ながさや
ふとさを りょう手《て》で
あらわせば、
Ⓐその 大《おお》きさが よく
つたわります。

（令和二年度版 教育出版 ひろがることば しょうがくこくご 一下 のむら まさいち）

(1) ともだちに なにを はなす ときの こと ですか。

「こんな [　　　]きな [　　　]を ほったよ。」と はなす とき。

(2) さつまいもの ながさや ふとさを あらわす みぶりは からだの どこを つかいますか。

（　）りょうあし
（　）りょう手《て》

(3) Ⓐその 大《おお》きさは なんの 大《おお》きさですか。

[　　　　　　]

# みぶりで つたえる (4)

なまえ

つぎの 文《ぶん》しょうを 二《に》かい よんで こたえましょう。

1

あたまを 下《さ》げながら、
「ありがとう
ございます。」
と いうと、
おれいの
気《き》もちが よく
つたわります。

2

このように、
みぶりと ことばを
いっしょに つかうと、
じぶんの
つたえたい ことを、
あいてに
うまく つたえる
ことが できます。

(令和二年度版 教育出版 ひろがることば しょうがくこくご 一下 のむら まさいち)

1 「ありがとう ございます。」と いう とき、どんな みぶりを しながら いうと おれいの 気《き》もちが よく つたわりますか。

＿＿＿＿を
＿＿＿＿ながら
いう。

2 みぶりと ことばを いっしょに つかうと、どんな ことが できますか。

じぶんの
＿＿＿＿を、
あいてに
＿＿＿＿
ことが できます。

# スイミー（1）

なまえ

きょうかしょの つぎの 文《ぶん》を 二《に》かい よんで こたえましょう。

1

「ひろい うみの どこかに、…」

から

「…たのしく くらして いた。」

まで

2

「みんな 赤《あか》いのに、…」

から

「…名《な》まえは スイミー。」

まで

1

(1) さかなの きょうだいたちは どこで くらして いましたか。

［　　　　］の どこか。

(2) さかなの きょうだいたちは どんな ふうに くらして いましたか。○を つけましょう。

（　）たのしく

（　）しずかに

2

(1) みんなと スイミーは どんな いろを して いますか。──せんで つなぎましょう。

① みんな ・　　・ まっくろ

② スイミー ・　　・ 赤《あか》

(2) およぐのが だれよりも はやかったのは、だれですか。名《な》まえを かきましょう。

| |
|---|
| |
| |
| |
| |

# スイミー (2)

なまえ

きょうかしょの つぎの 文《ぶん》を 二《に》かい よんで こたえましょう。

1

「ある 日《ひ》、おそろしい まぐろが、…」

から

「…ミサイルみたいに つっこんで きた。」

まで

2

「一口《ひとくち》で、まぐろは、…」

から

「…にげたのは スイミーだけ。」

まで

1

(1) まぐろの ことに あてはまる もの 二《ふた》つに ○を つけましょう。

（　）おそろしい。

（　）おなかが いっぱい。

（　）すごい はやさ。

(2) なにが つっこんで きましたか。

| |
|---|
| |

2

(1) まぐろは、小《ちい》さな 赤《あか》い さかなたちを どう しましたか。○を つけましょう。

（　）ぜんぶ のみこんだ。

（　）一《いっ》ぴきだけ のみこんだ。

(2) にげた さかなの 名《な》まえを かきましょう。

| |
|---|
| |

# スイミー (3)

なまえ

きょうかしょの つぎの 文《ぶん》を 二《に》かい よんで こたえましょう。

1

「スイミーは およいだ、…」

から

「…とても かなしかった。」

まで

2

「けれど、うみには、…」

から

「…げん気《き》を とりもどした。」

まで

1

(1) きょうかしょの 文《ぶん》で スイミーの 気《き》もちが わかる ことばを 三《みっ》つ かきましょう。

2

(1) うみには すばらしい ものが どのくらい ありましたか。

(2) おもしろい ものを 見《み》る たびに、スイミーは だんだん なにを とりもどしましたか。

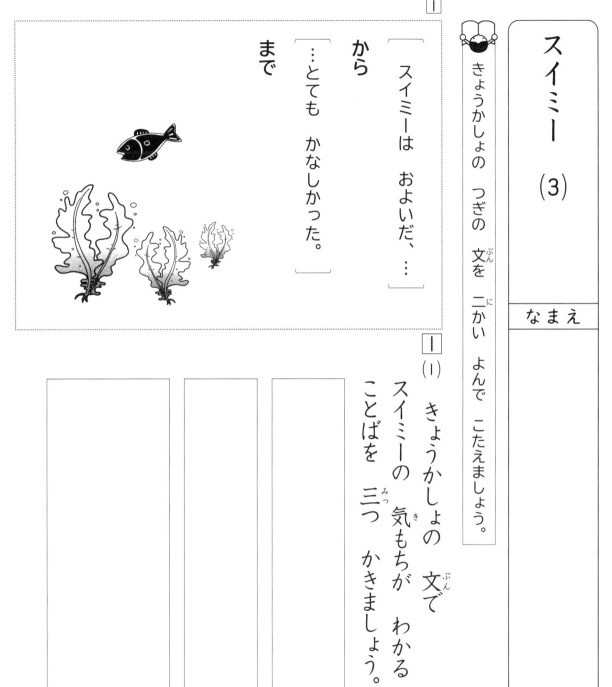

# スイミー (4)

なまえ

きょうかしょの　つぎの　文《ぶん》を　二《に》かい　よんで　こたえましょう。

1

にじいろの
ゼリーのような
くらげ。…

から

…見《み》えない　糸《いと》で
ひっぱられて　いる。

まで

2

ドロップみたいな
いわから…

から

…しっぽを　わすれて
いるほど　ながい。

まで

※ドロップ…あめ・あめのおかし

1

(1) ゼリーのような　ものは、なにですか。

(2) いせえびは、なにみたいだと　かいて　ありますか。

2

(1) ドロップみたいなものは　なにですか。

(2) うなぎは　どれぐらい　ながいですか。ぶんの　ことばで　かきましょう。

ころには、［　　］を　見《み》る
［　　　］を
わすれて　いるほど。

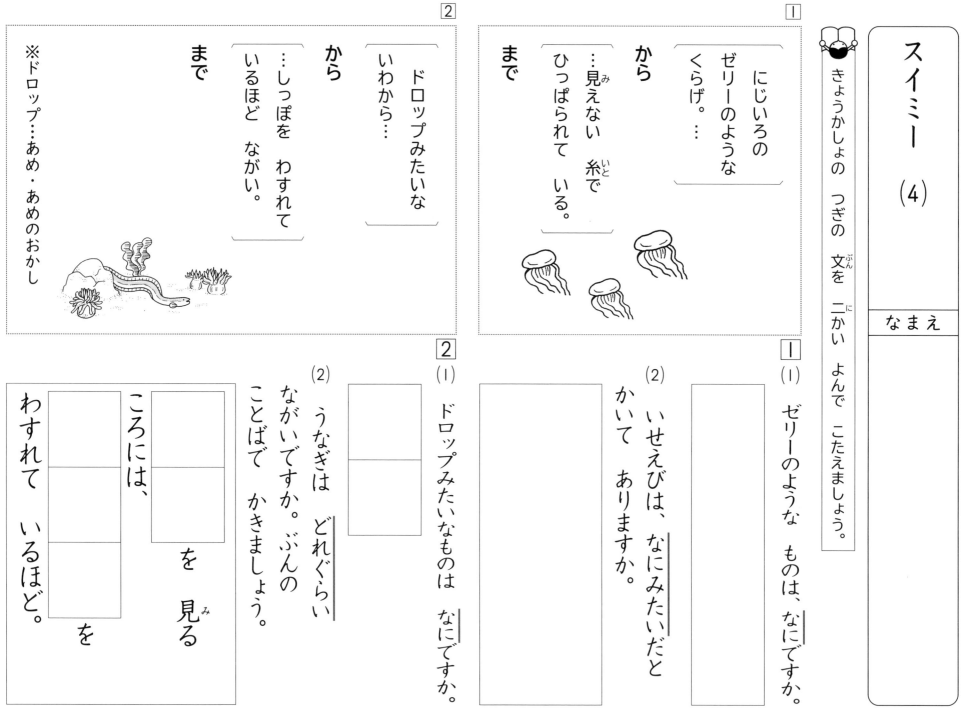

# スイミー ⑸

なまえ

きょうかしょの つぎの 文《ぶん》を 二《に》かい よんで こたえましょう。

1

「そして、かぜに ゆれる…」

から

「…いそぎんちゃく。」

まで

2

「その とき、いわかげに、…」

から

「…さかなの きょうだいたちを。」

まで

1

⑴ ももいろの やしの 木《き》みたいなものは なにですか。

⑵ いそぎんちゃくは なにいろですか。

2

⑴ スイミーは ①どこに、②なにを 見《み》つけた、のですか。

① どこ（に）

＿＿＿＿ に

② なに（を）

小《ちい》さな ＿＿＿＿ の ＿＿＿＿ たちを。

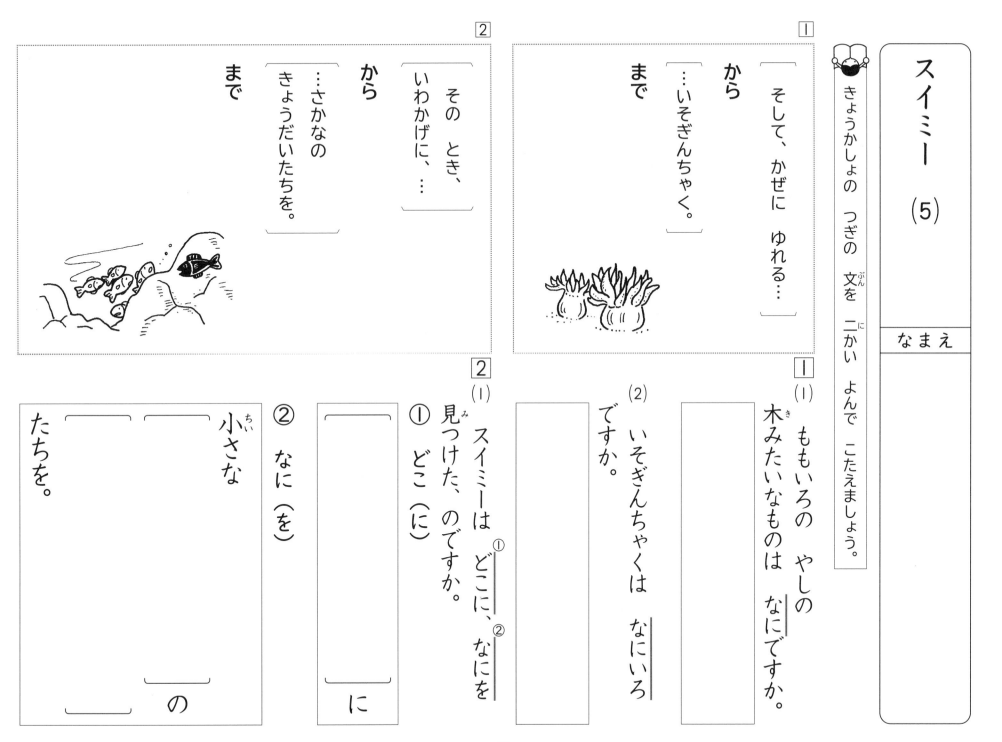

# スイミー (6)

なまえ

きょうかしょの つぎの 文《ぶん》を 二《に》かい よんで こたえましょう。

1

〔スイミーは いった。…〕から

〔…大《おお》きな さかなに、たべられて しまうよ。」〕まで

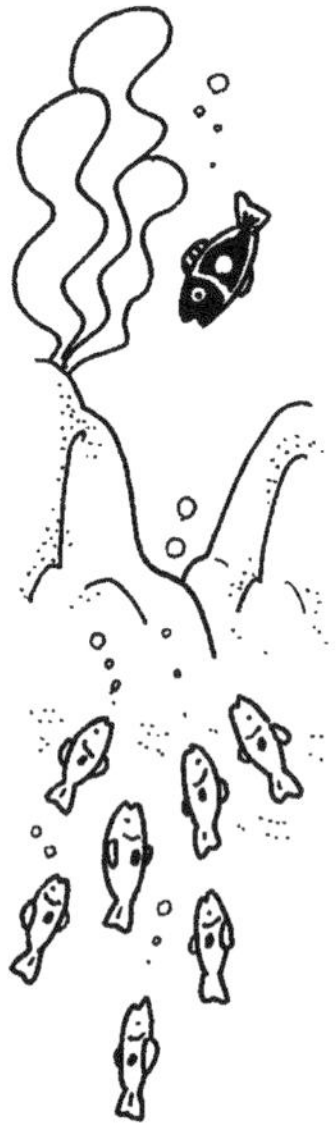

2

〔「だけど、いつまでも…〕から

〔…うんと かんがえた。〕まで

1

(1) 「出《で》てこいよ。みんなで あそぼう。」と いったのは だれですか。

[　　　]

(2) 小《ちい》さな 赤《あか》い さかなたちは なぜ 「だめだよ。」と いったのですか。

大《おお》きな さかなに、〔　　　〕から。

2

(1) スイミーが、かんがえている ようすが わかる ことばを かきましょう。

スイミーは かんがえた。

□□□□かんがえた。

□□□かんがえた。

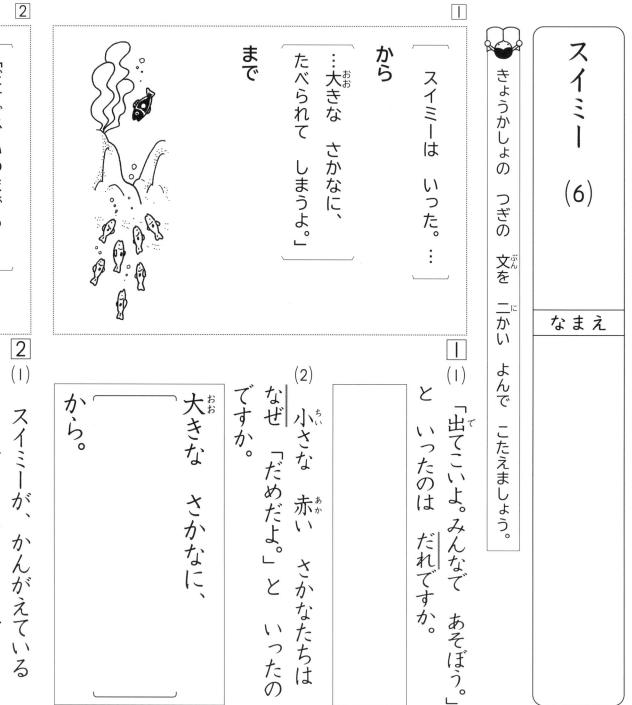

# スイミー (7)

なまえ

きょうかしょの　つぎの　文《ぶん》を　二《に》かい　よんで　こたえましょう。

1

「それから、とつぜん…」
から
「…いちばん　大《おお》きな
さかなの　ふりを　して。」
まで

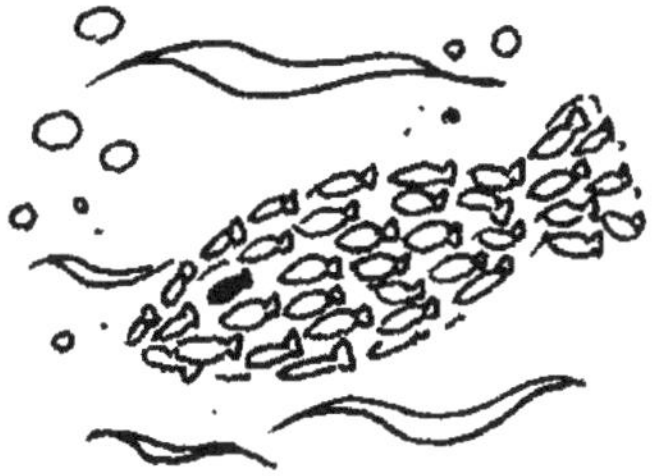

2

「スイミーは
おしえた。…」
から
「…みんな　もちばを
まもる　こと。」
まで

1

(1) スイミーは　どんな　ふうに　およごうと　いいましたか。
○を　つけましょう。

(　)みんな　はなれて　およぐ。

(　)みんな　いっしょに　およぐ。

(2) スイミーは、なにの　ふりを　して　およごうと　いいましたか。

[　　　　]で　いちばん
[　　　　]さかなの
ふりをして。

2

(1) スイミーが　おしえた　ことを　二《ふた》つ　かきましょう。

[　　　　]

[　　　　]

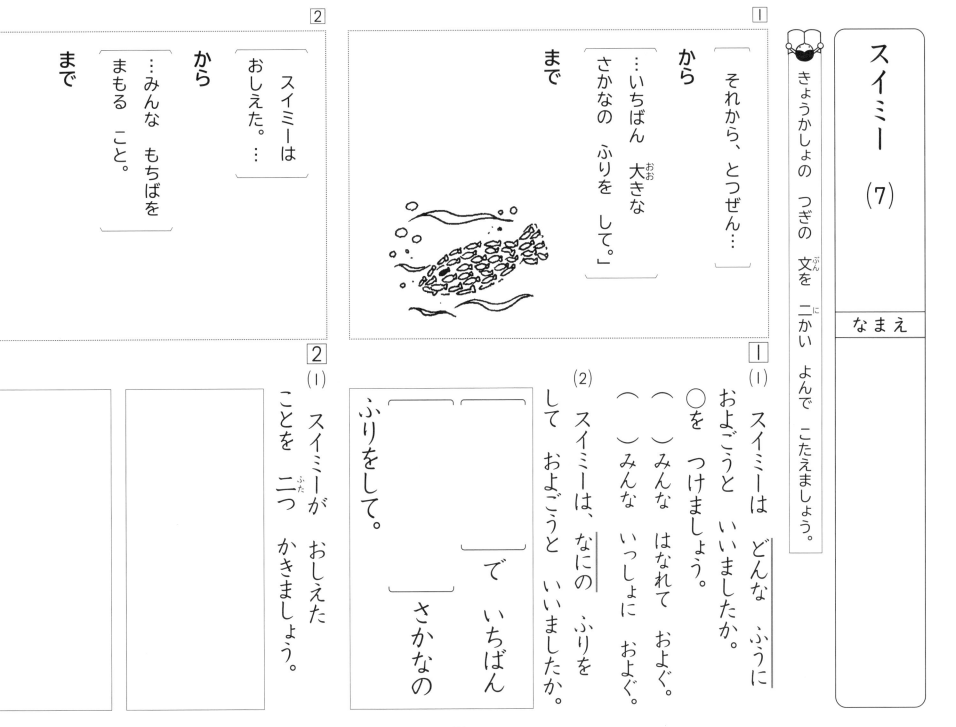

# スイミー (8)

なまえ

きょうかしょの つぎの 文《ぶん》を 二《に》かい よんで こたえましょう。

1

「みんなが、一《いっ》ぴきの 大《おお》きな さかなみたいに…」

から

「…「ぼくが、目《め》に なろう。」」

まで

2

「あさの つめたい 水《みず》の 中《なか》を、…」

から

「…大《おお》きな さかなを おい出《だ》した。」

まで

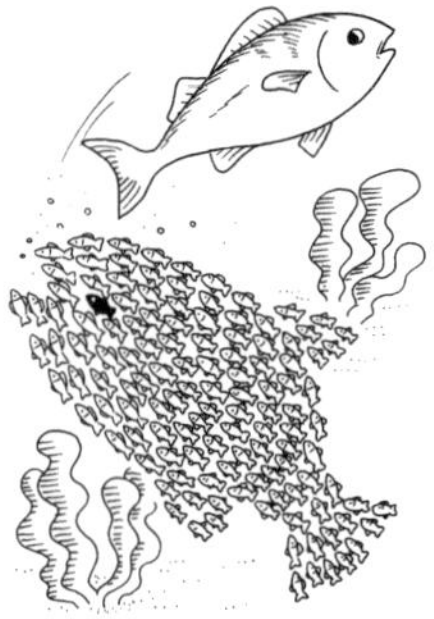

1

(1) みんなは なにみたいに およげるように なりましたか。

一《いっ》ぴきの ＿＿＿＿

(2) スイミーは なんと いいましたか。

ぼくが、＿＿＿＿。

2

(1) みんなは なにの 中《なか》を およぎましたか。二《ふた》つに ○を つけましょう。

（　）あさの つめたい 水《みず》の 中《なか》。

（　）よるの あたたかい ひかりの 中《なか》。

（　）ひるの かがやく ひかりの 中《なか》。

(2) みんなは 大《おお》きな さかなを どうしましたか。

＿＿＿＿

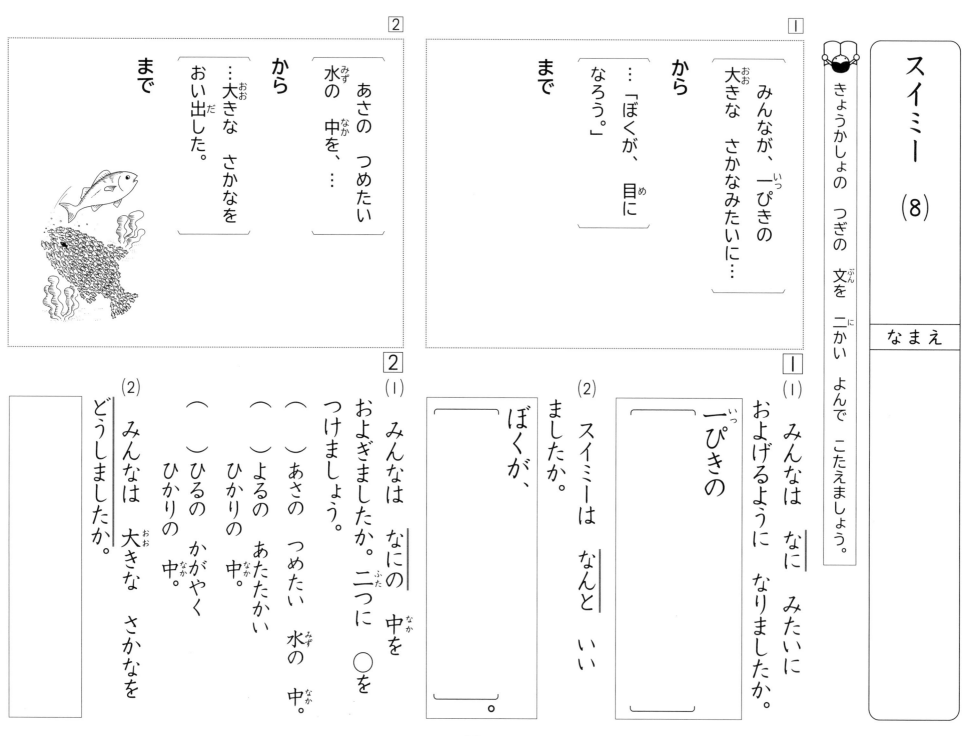

うごきを　あらわす　ことば　(1)

なまえ

(1)　えを　みて　ぶんを　かきましょう。

①

いぬ　が　ほえる。
いぬ　が　ほえる。

②

いぬ　が　はしる。
いぬ　が　はしる。

③

いぬ　が　たべる。
いぬ　が　たべる。

(2)　えを　みて　ぶんを　かきましょう。

①

とり　が　とぶ。
とり　が　とぶ。

②

うま　が　かける。
うま　が　かける。

③

ねこ　が　あそぶ。
ねこ　が　あそぶ。

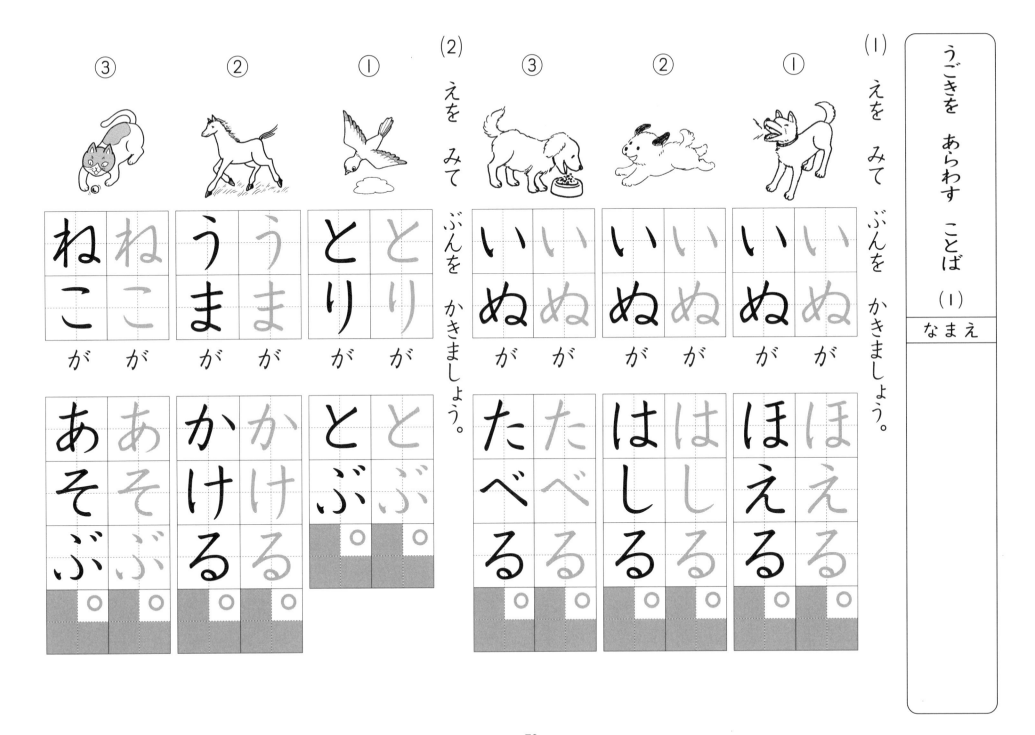

# うごきを　あらわす　ことば　(2)

なまえ

(1) えを　みて　ぶんを　つくりましょう。
したの □ から　ことばを　えらんで　かきましょう。

① 

いぬが　たべる。

② 

いぬが

③ 

いぬが

はしる。
ほえる。
たべる。

(2) えを　みて　ぶんを　つくりましょう。
したの □ から　ことばを　えらんで　かきましょう。

① 

ねこが

② 

とりが

③ 

うまが

あそぶ。
かける。
とぶ。

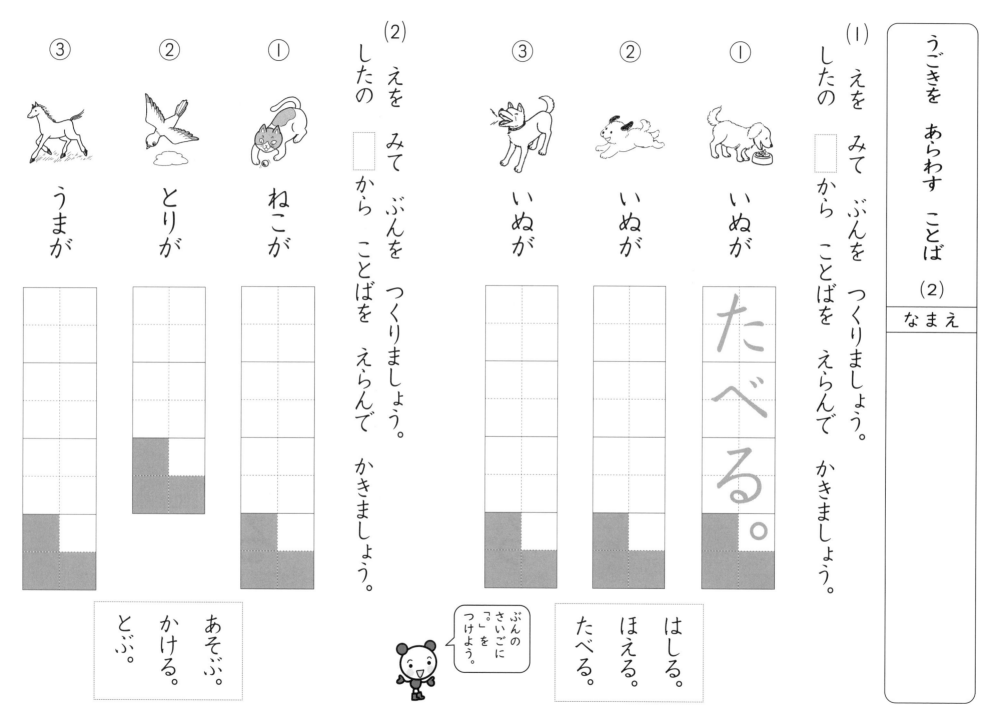

## うごきを　あらわす　ことば　(3)

なまえ

(1)　えを　みて　ぶんを　かきましょう。

①  いぬが　すわる。

②  うさぎが　はねる。

③  めだかが　およぐ。

④  つばめが　とぶ。

(2)　えを　みて　ぶんを　かきましょう。

①  ほんを　よむ。

②  えを　かく。

③  ふくを　きる。

④  かさを　さす。

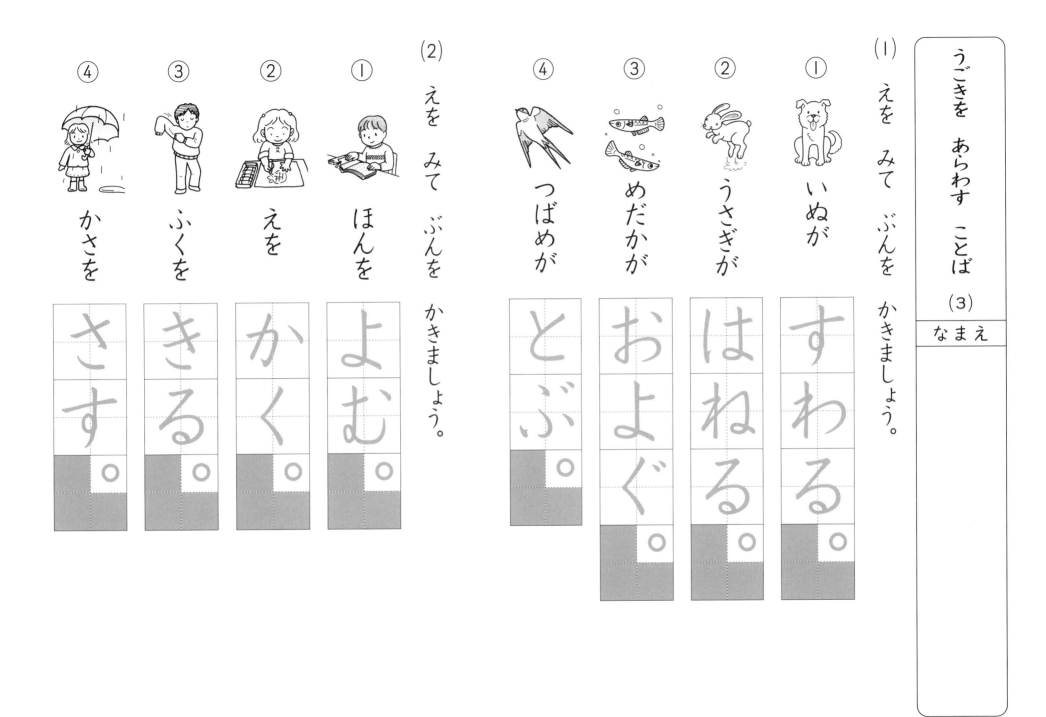

## うごきを　あらわす　ことば　(4)

なまえ

(1) えを　みて　ぶんを　つくりましょう。
□から　ことばを　えらんで　かきましょう。

①  いぬが　すわる。

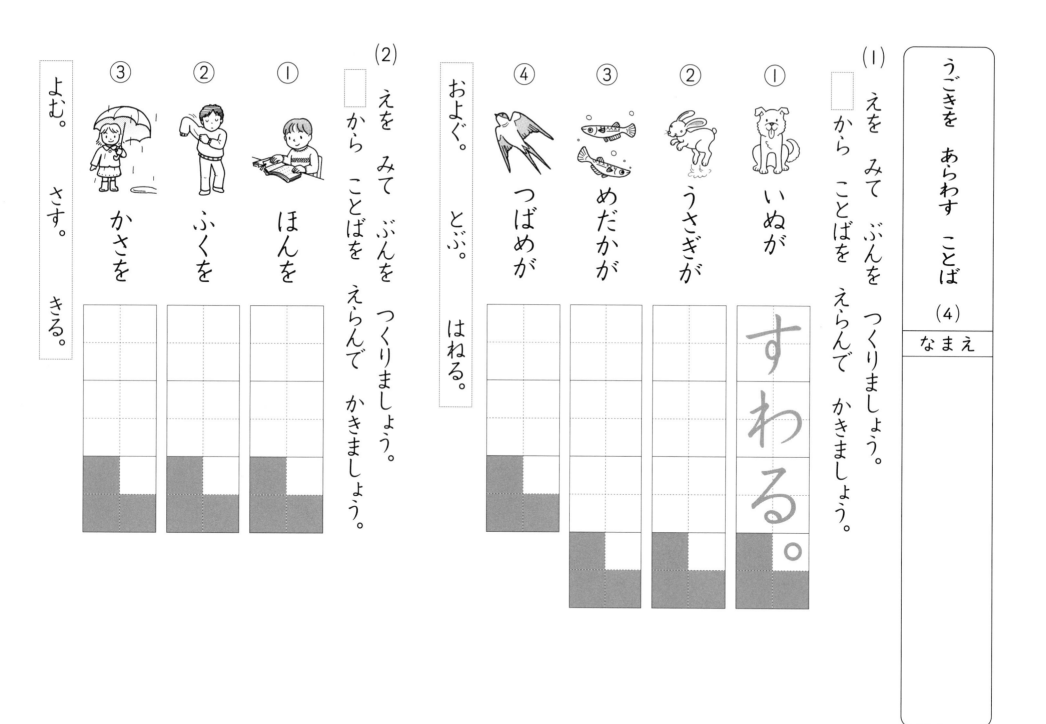

②  うさぎが

③  めだかが

④  つばめが

およぐ。　とぶ。　はねる。

(2) えを　みて　ぶんを　つくりましょう。
□から　ことばを　えらんで　かきましょう。

①  ほんを

②  ふくを

③  かさを

よむ。　さす。　きる。

# うごきを　あらわす　ことば　(5)

なまえ

(1)　えを　みて　ぶんを　つくりましょう。かきましょう。

①

いす　に

②

やま　に

③

うみ　で

(2)　えを　みて　ぶんを　つくりましょう。
□から　ことばを　えらんで　かきましょう。

①

だい　に

②

き　に

③

やま　を

あるく。　たつ。　のぼる。

# ようすを　あらわす　ことば　(1)

なまえ

(1)　えを　みて　ようすを　あらわす　ことばを　かきましょう。

① ながい

ひも 

② たかい

やま 

③ ふとい

き 

① みじかい

ひも 

② ひくい

やま 

③ ほそい

き 

(2)　えを　みて　ようすを　あらわす　ことばを　かきましょう。

① あつい

おちゃ 

② ひろい

にわ 

③ おおきい

ぞう 

① つめたい

みず 

② せまい

にわ 

③ ちいさい

あり 

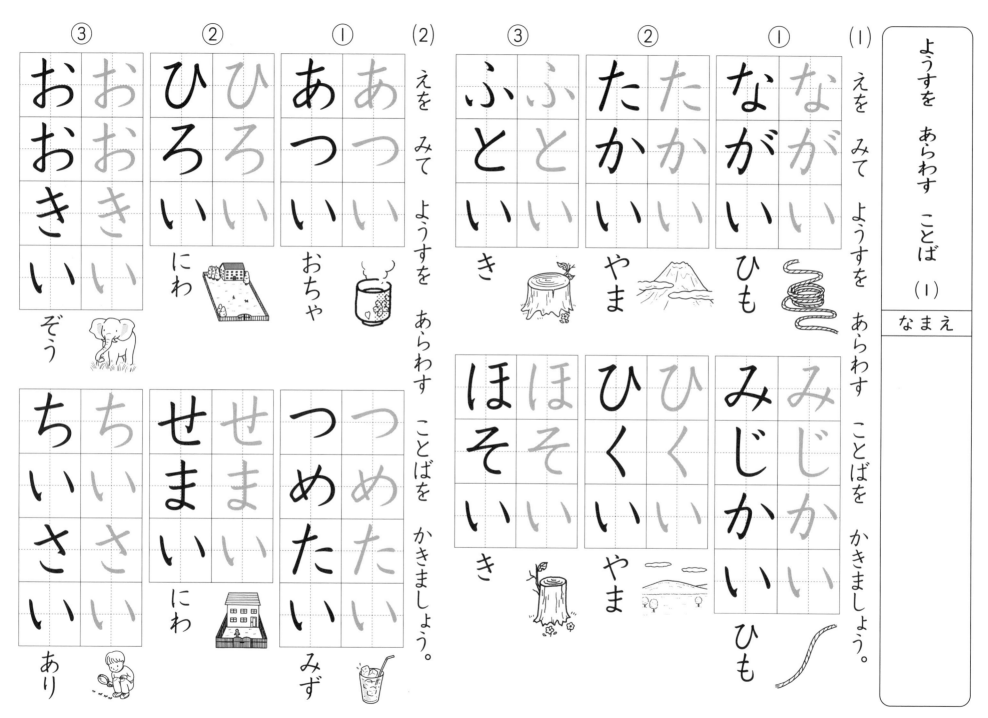

## ようすを　あらわす　ことば　(2)

なまえ

(1) えを　みて　ようすを　あらわす　ことばを　かきましょう。

① ながい

ひも

みじかい

ひも

② たかい

やま

ひくい

やま

③ ふとい

き

ほそい

き

(2) えを　みて　ようすを　あらわす　ことばを　かきましょう。

① あつい

おちゃ

つめたい

みず

② ひろい

にわ

せまい

にわ

③ おおきい

ぞう

ちいさい

あり

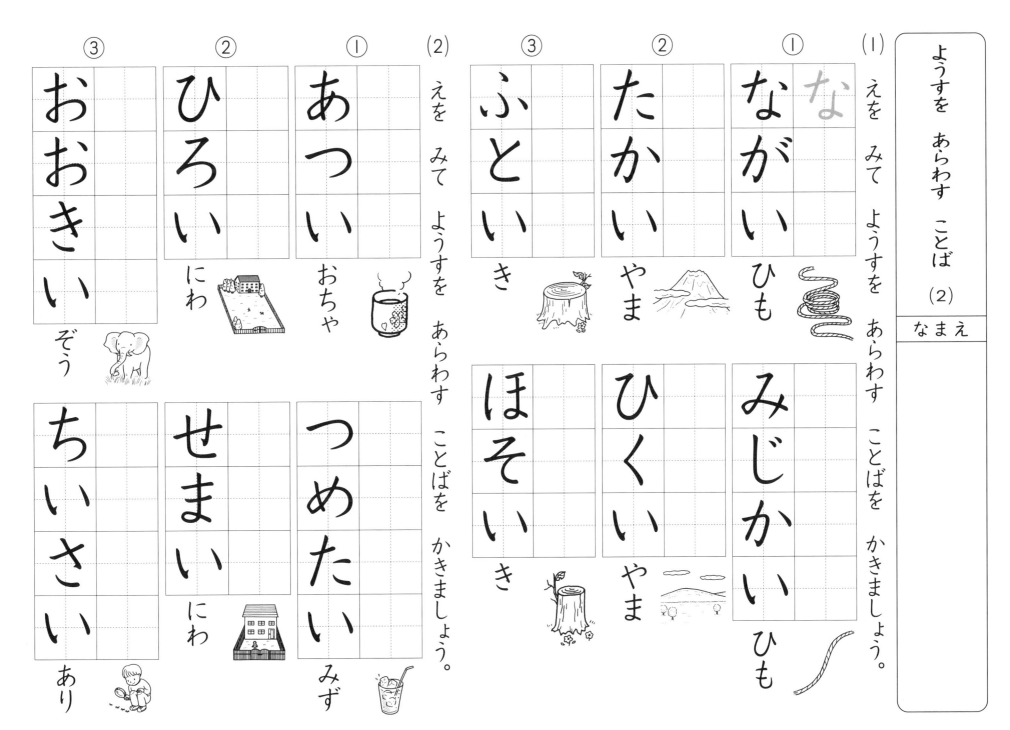

# ようすを あらわす ことば (3)

なまえ

(1) えを みて ことばを かきましょう。
[ ]から ことばを えらんで かきましょう。

① ＿＿＿ ひも

↕ みじかい ひも

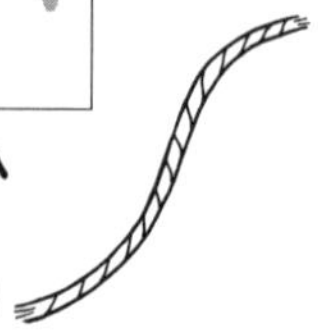

② ＿＿＿ やま

↕ ひくい やま

③ ＿＿＿ き

↕ ほそい き

たかい　ながい　ふとい

(2) えを みて ことばを かきましょう。
[ ]から ことばを えらんで かきましょう。

① あつい おちゃ

↕ ＿＿＿ みず

② ひろい にわ

↕ ＿＿＿ にわ

③ おおきい ぞう

↕ ＿＿＿ あり

つめたい　せまい　ちいさい

# ようすを　あらわす　ことば　(4)

なまえ

えを　みて　ようすを　あらわす　ことばを　かきましょう。

①

あかい

あかい

はね　はね

②

あおい

くつ　くつ

③

しろい

ゆき　ゆき

④

くろい

からす　からす

⑤

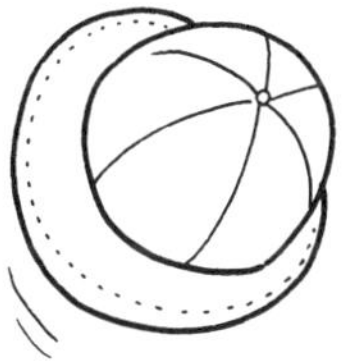

きいろい

ぼうし　ぼうし

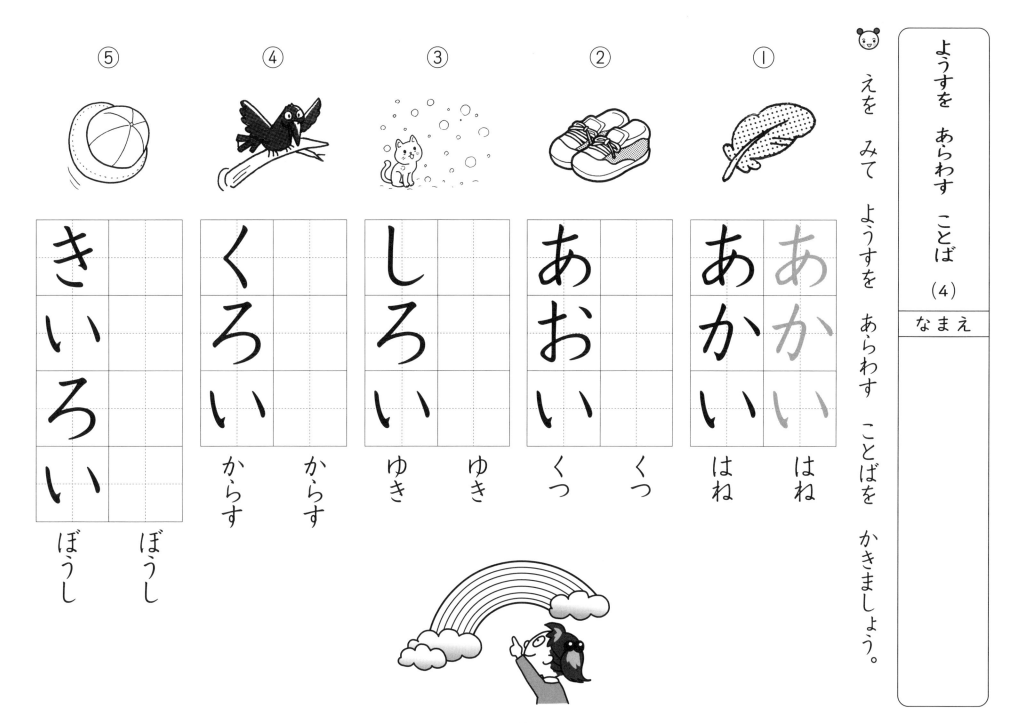

# きもちを　あらわす　ことば　(1)

なまえ

(1) どんな　きもちを　あらわして　いますか。えを　みて　かきましょう。

①

うれしい　うれしい

きもち

きもち

②

かなしい　かなしい

きもち

きもち

③

たのしい　たのしい

きもち

きもち

(2) どんな　きもちを　あらわして　いますか。えを　みて　かきましょう。

①

こわい　こわい

きもち

きもち

②

さむい　さむい

きもち

きもち

③

いたい　いたい

きもち

きもち

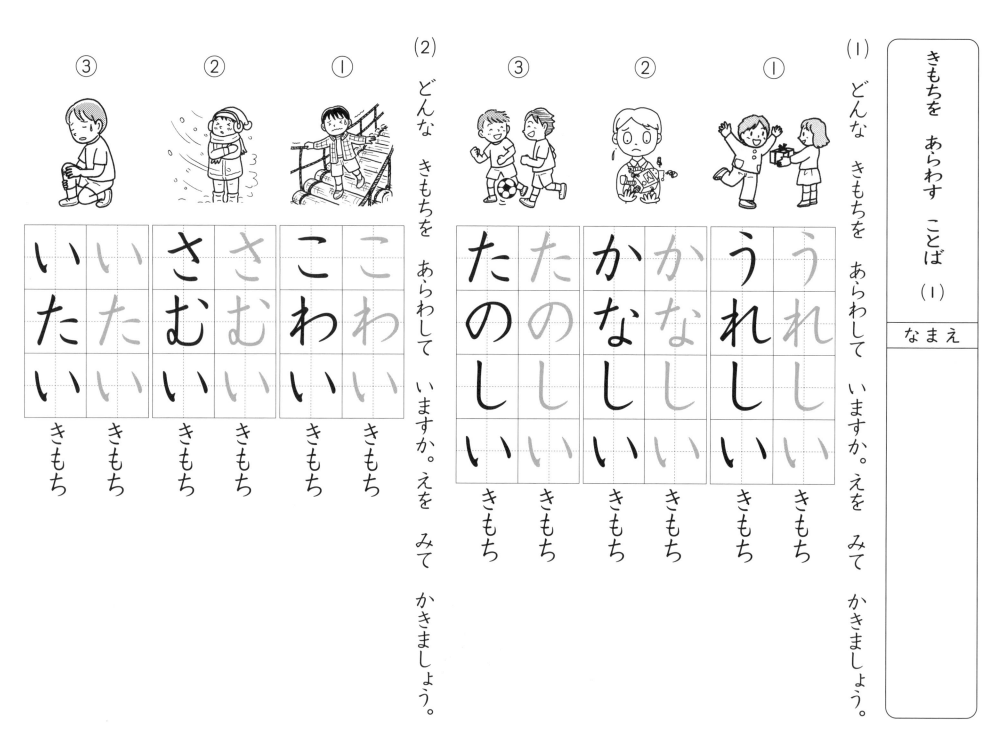

# きもちを　あらわす　ことば　(2)

なまえ

(1)　つぎの　えは　どんな　きもちを　あらわして　いますか。
□から　ことばを　えらんで　かきましょう。

①

う　きもち

②

か　きもち

③

た　きもち

うれしい　かなしい　たのしい

(2)　つぎの　えは　どんな　きもちを　あらわして　いますか。
□から　ことばを　えらんで　かきましょう。

①

こ　きもち

②

さ　きもち

③

い　きもち

こわい　さむい　いたい

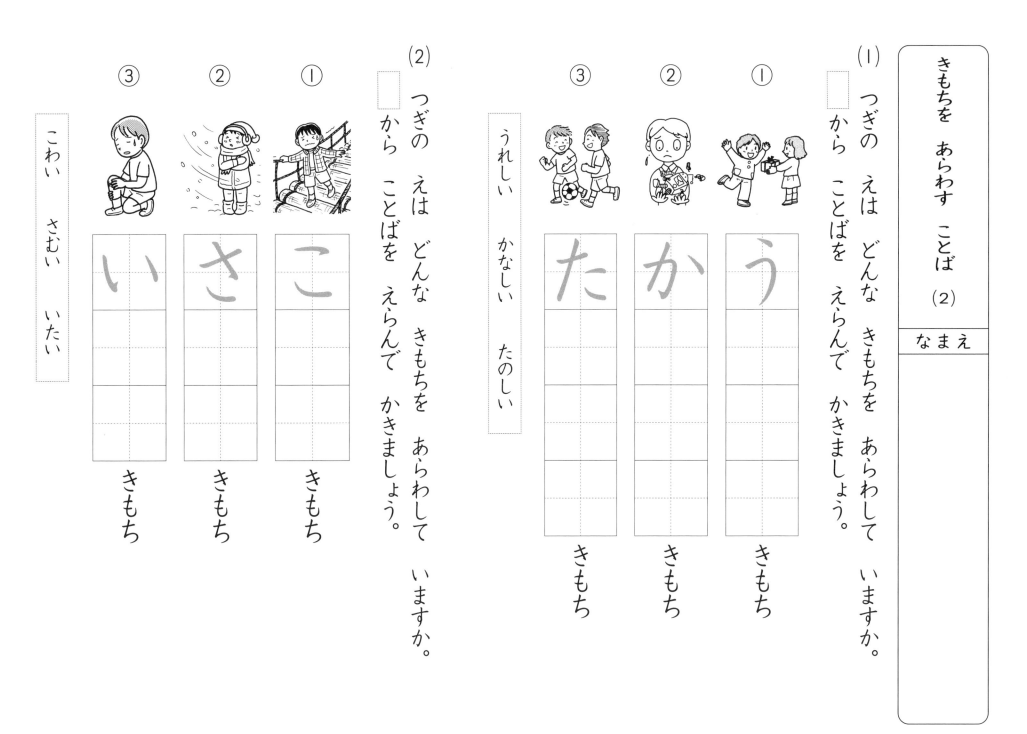

# かたかなを　かこう　(1)

ちいさい「ッ」

なまえ

えを　みて　かたかなで　ことばを　かきましょう。

①

マット

②

ヨット

③

ラッコ

④

マスコット

⑤

モルモット

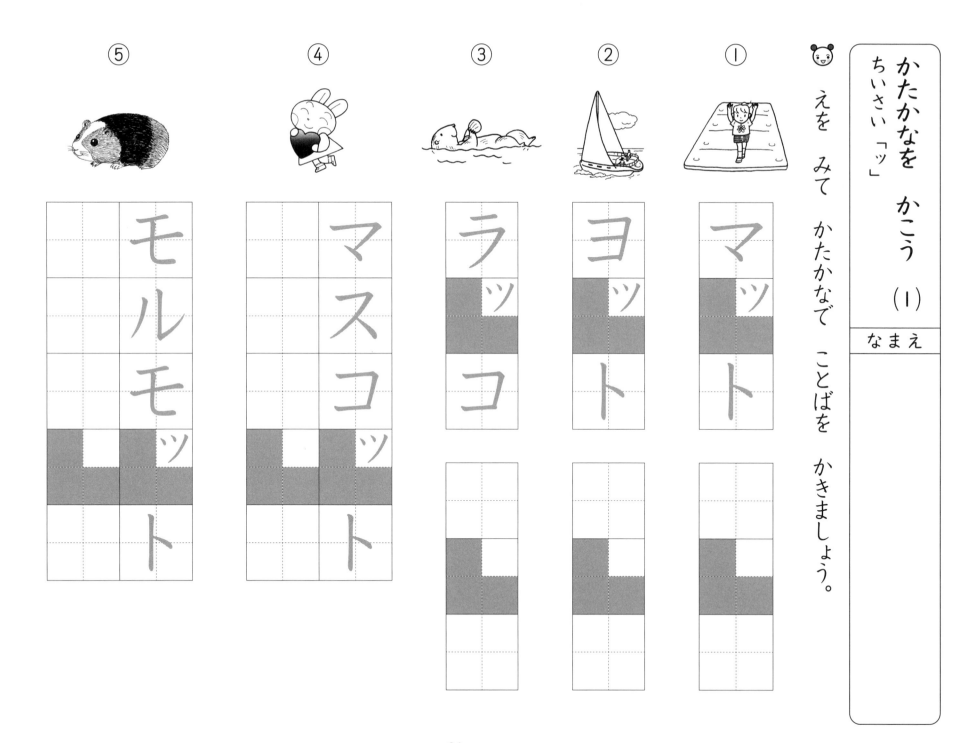

# かたかなを　かこう　(2)
## ちいさい「ッ」

なまえ

えを　みて　かたかなで　ことばを　かきましょう。

①

コロッケ

②

トラック

③
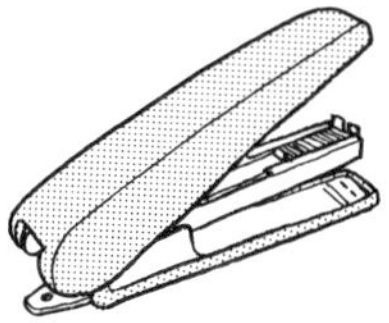

ホッチキス

④

カスタネット

ロケット

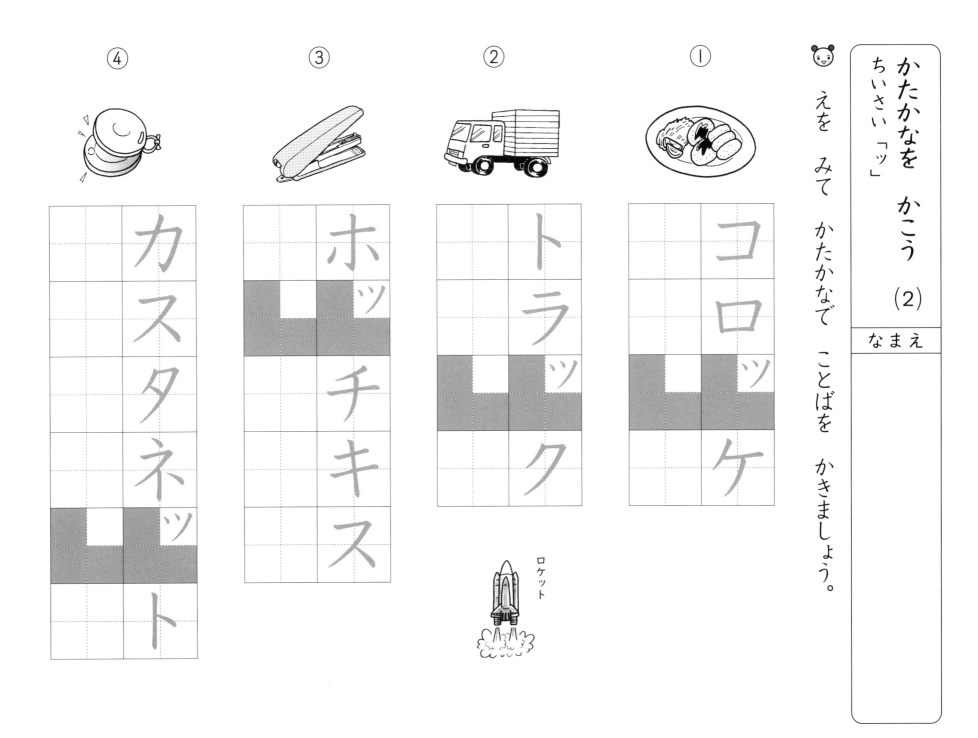

# かたかなを　かこう　(3)

のばす　おん

なまえ

えを　みて　かたかなで　ことばを　かきましょう。

①

ノート

②

タクシー

③

モノレール

④

ハーモニカ

スキー

カヌー

ケーキ

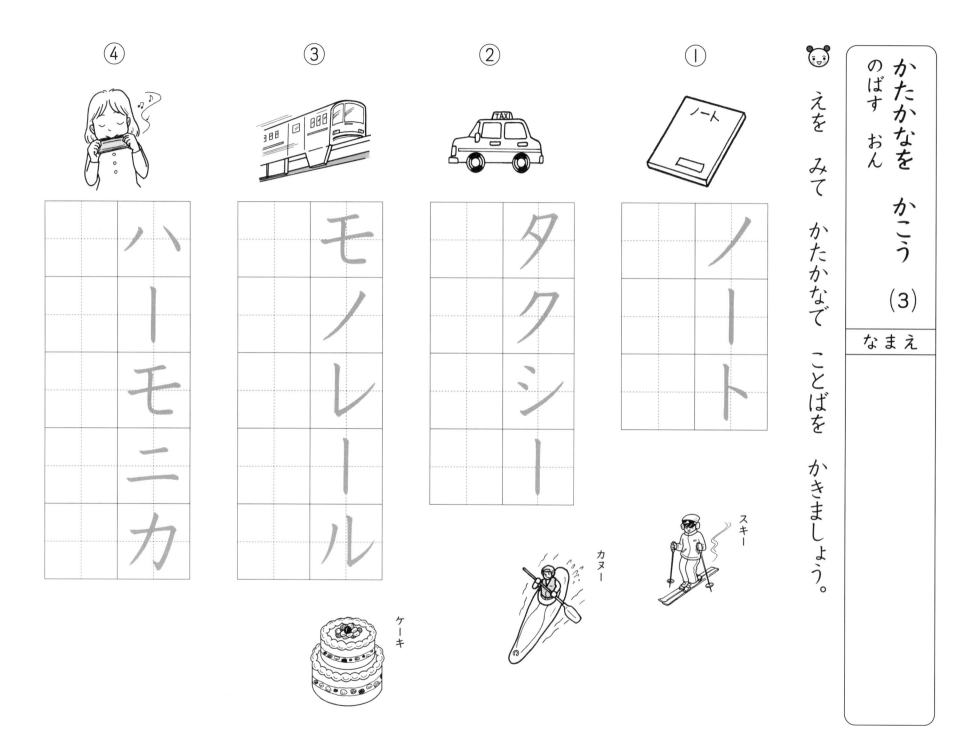

# かたかなを　かこう　(4)

のばす　おん

なまえ

えを　みて　かたかなで　ことばを　かきましょう。

①

スケート

②

セーター

③

フルーツ

④

ホットケーキ

ソース

カレー

フォーク

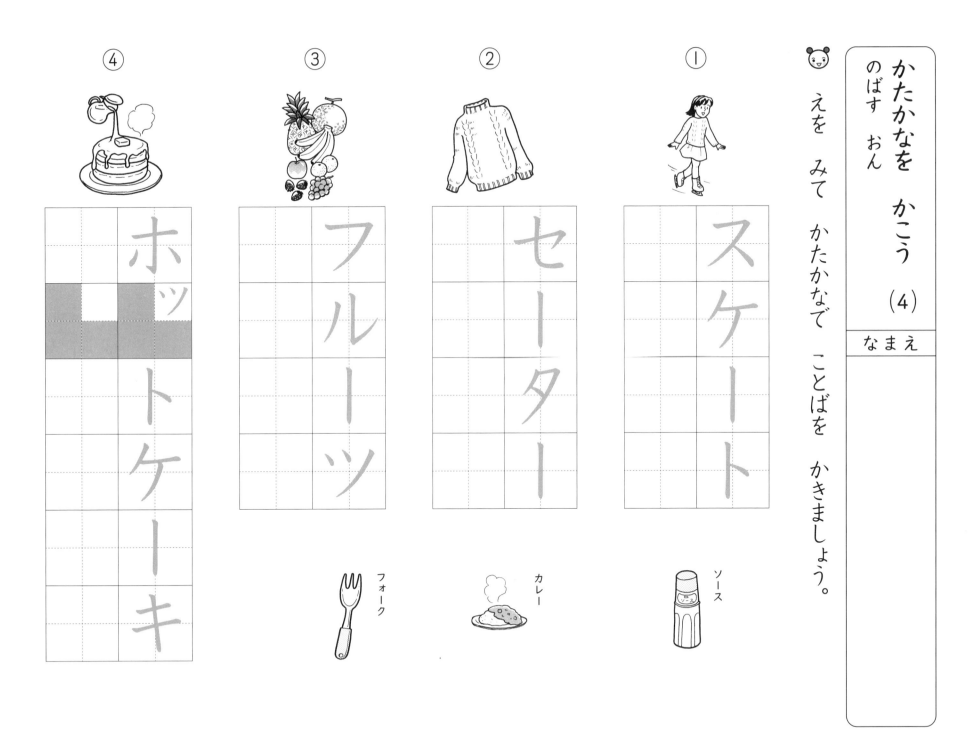

# かたかなを　かこう　(5)

「゛」や「゜」の　つく　じ

なまえ

えを　みて　かたかなで　ことばを　かきましょう。

①

ボールペン

②

ソーセージ

③

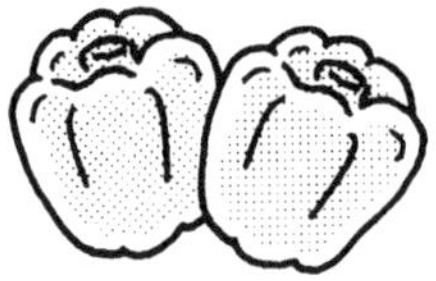

ピーマン

④

パイナップル

ゼリー

パトカー

スコップ

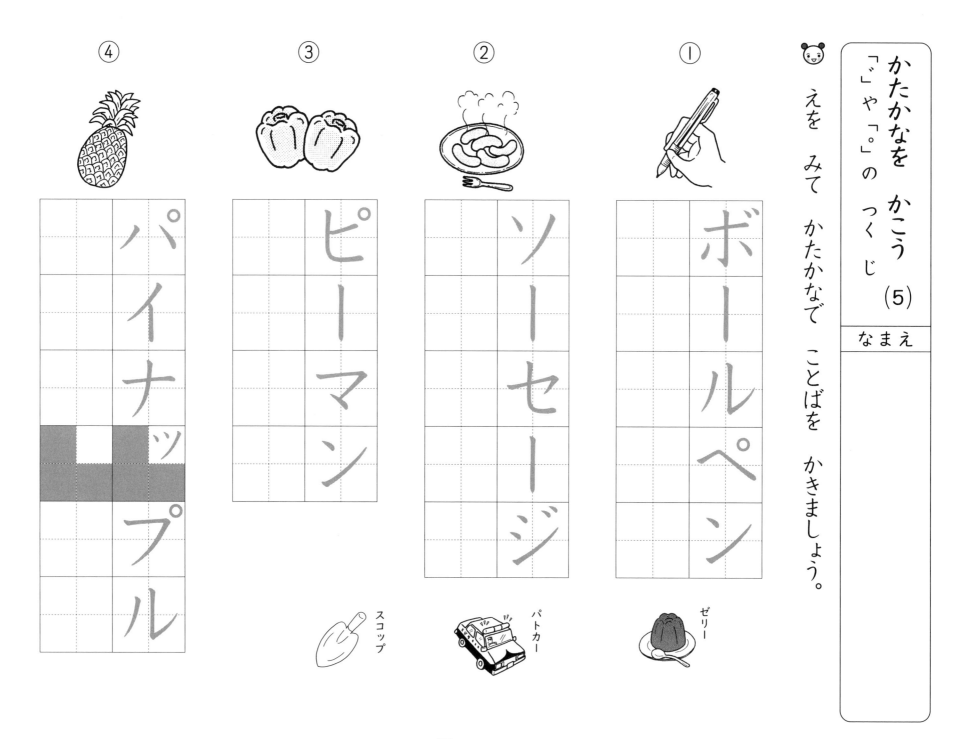

# かたかなを　かこう　(6)

「゛」や「゜」の　つく　じ

なまえ

えを　みて　かたかなで　ことばを　かきましょう。

①

プリン

②

ドーナツ

③

ヘリコプター

④

ハンバーガー

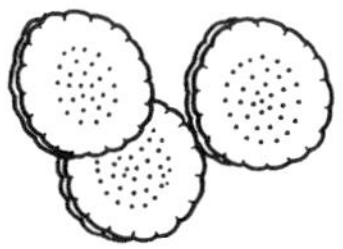


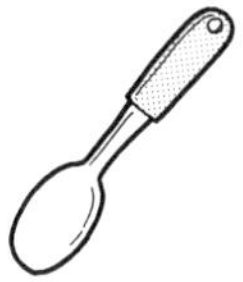


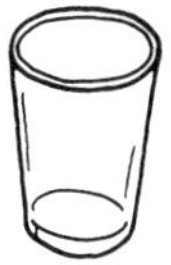

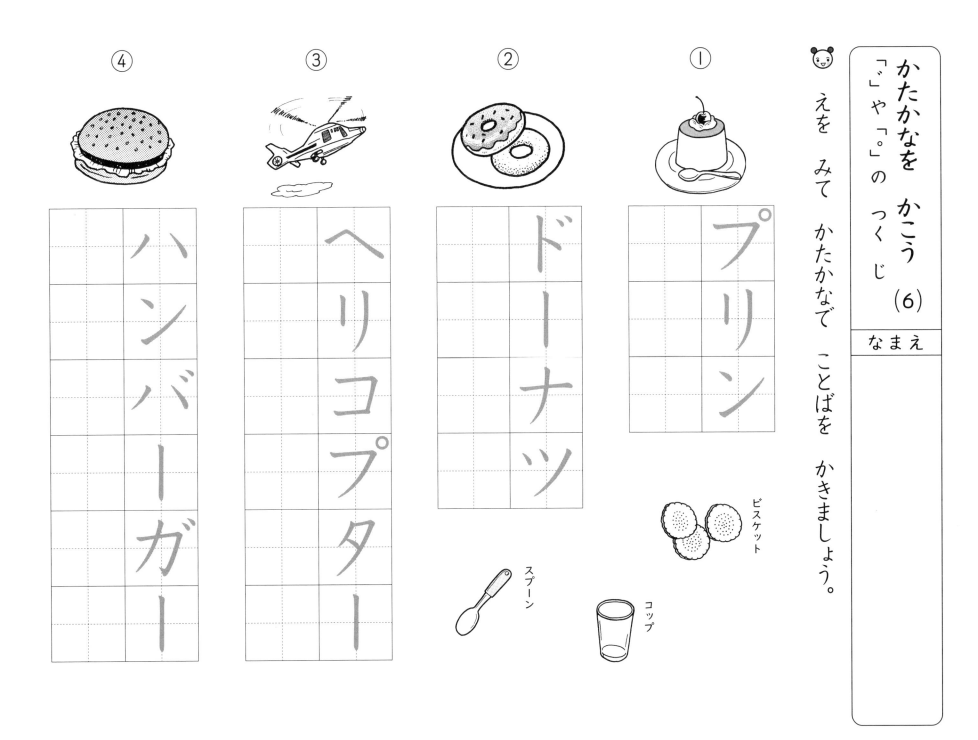

# かたかなを かこう (7)
「゛」や「゜」の つく じ

なまえ

えを みて かたかなで ことばを かきましょう。

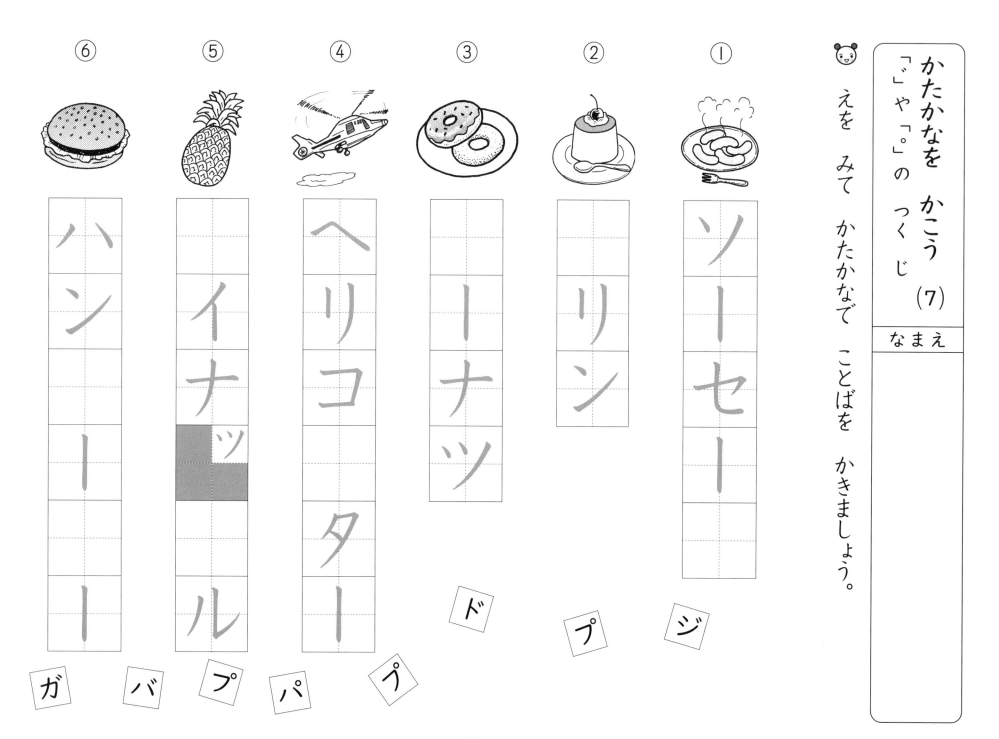

①

ソ ー セ ー □ □

②

□ リ ン

③

□ ー ナ ツ

④

ヘ リ コ □ タ ー

⑤

□ イ ナ ッ □ ル

⑥

ハ ン □ ー □ ー

ジ　プ　ド　プ　パ　プ　バ　ガ

# かたかなを　かこう　(8)

ちいさい「ャ・ュ・ョ」

なまえ

えを　みて　かたかなで　ことばを　かきましょう。

①

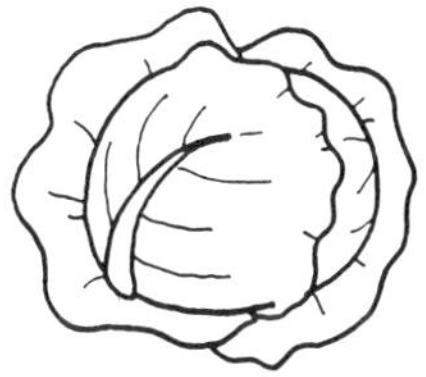

キャベツ

ジャム

②

ジュース

シュークリーム

③

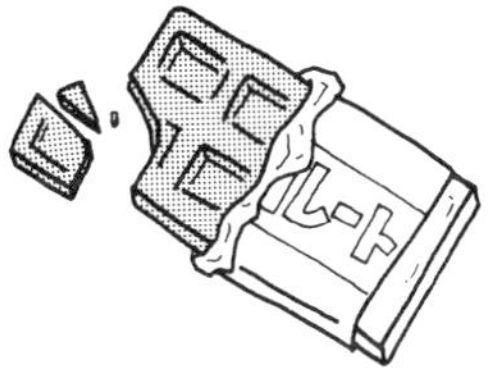

チョコレート

④

シャツ

キャンディー

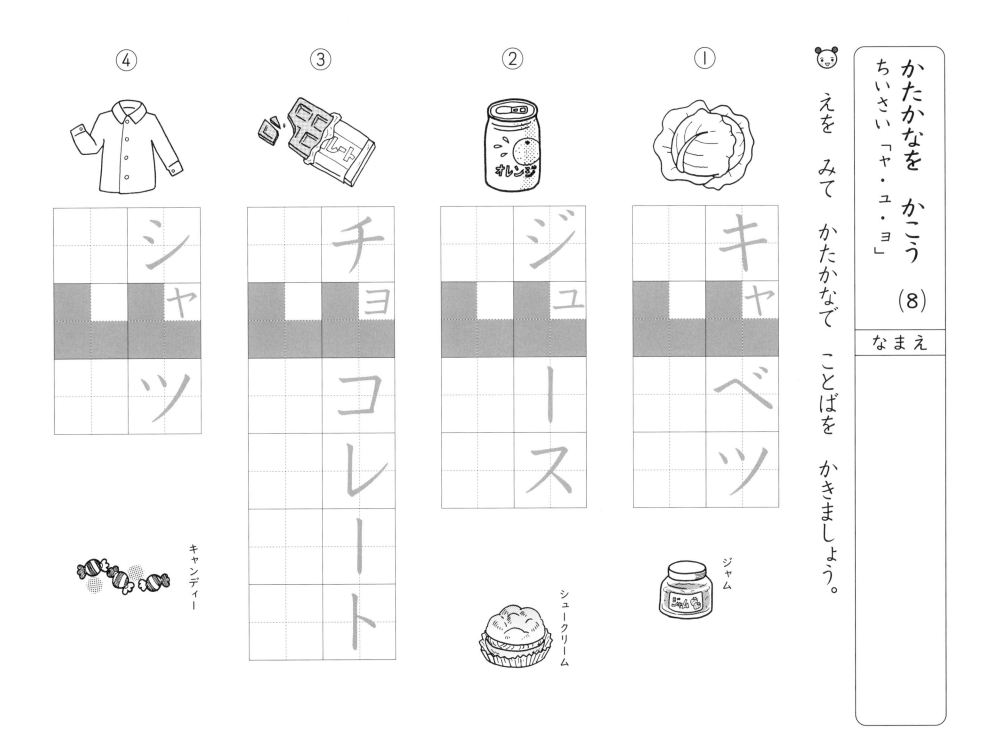

# かたかなを　かこう　(9)

## ちいさい「ャ・ュ・ョ」

なまえ

えを　みて　かたかなで　ことばを　かきましょう。

①

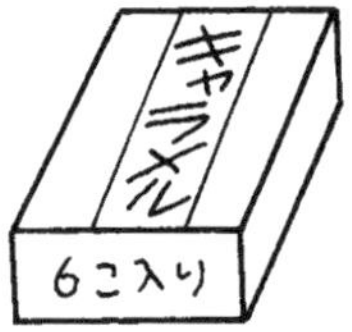


キャラメル

②

リュック

③

ジョギング

④

コンピューター

キャンプ

チューリップ

ショッピング

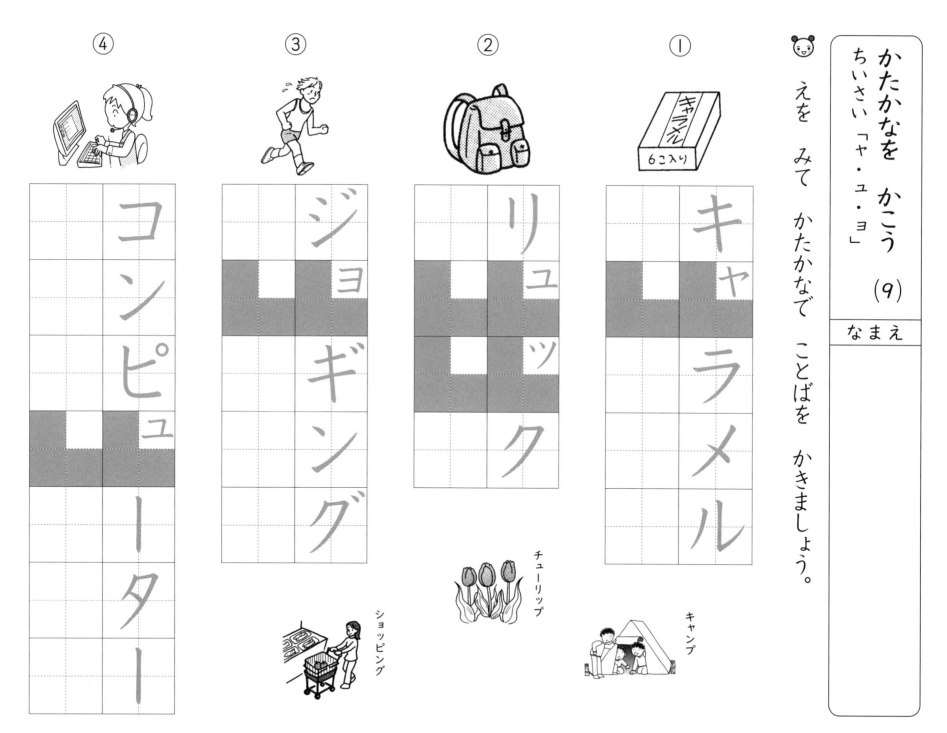

# かたかなを　かこう　(10)

よこに　かく　とき

なまえ

つぎの　ことばを　かたかなで　よこに　かきましょう。

① ラッコ

ラッコ

③ スキー

スキー

② ロケット

ロケット

④ ゼリー

ゼリー

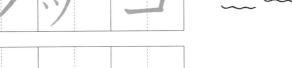

# かたかなを かこう (11)

よこに かく とき

なまえ

つぎの ことばを かたかなで よこに かきましょう。

① シャツ

シャツ

③ ジュース

ジュース

② キャベツ

キャベツ

④ チョーク

チョーク

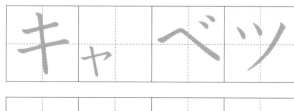

# かたかなの　かたち　(1)

なまえ

ひらがなと　にて　いる　かたかなを　かきましょう。

ひらがな　か―カ　かたかな

ひらがな　も―モ　かたかな

ひらがな　り―リ　かたかな

ひらがな　や―ヤ　かたかな

# かたかなの かたち (2)

なまえ

かたちに きを つけて にて いる かたかなを かきましょう。

ワ―ク　マ―ア　ン―ソ　ツ―シ

ワ　ク　マ　ア　ン　ソ　ツ　シ

ワ　ク　マ　ア　ン　ソ　ツ　シ

ワイン

マスク

マイク

コアラ

レモン

ソリ

バケツ

ミシン

# かたかなの かたち (3)

なまえ

かたちに きを つけて かたかなで かきましょう。

シ
ミシン

ミシン

ツ
バケツ

バケツ

ソ
ソリ

ソリ

ン
レモン

レモン

ア
コアラ

コアラ

マ
マイク

マイク

ク
マスク

マスク

ワ
ワイン

ワイン

# よう日《び》と　日《ひ》づけ　(1)

よう日《び》

なまえ

□に　かんじを　（　）に　よみがなを　かきましょう。

①

日《にち》よう日《び》
日（にち）よう日（び）
□（　）（　）よう日

②

月《げつ》よう日
月（げつ）よう日
□（　）よう日

③

火《か》よう日
火（か）よう日
□（　）よう日

④

水《すい》よう日
水（すい）よう日
□（　）よう日

⑤

木《もく》よう日
木（もく）よう日
□（　）よう日

⑥

金《きん》よう日
金（きん）よう日
□（　）よう日

⑦

土《ど》よう日
土（ど）よう日
□（　）よう日

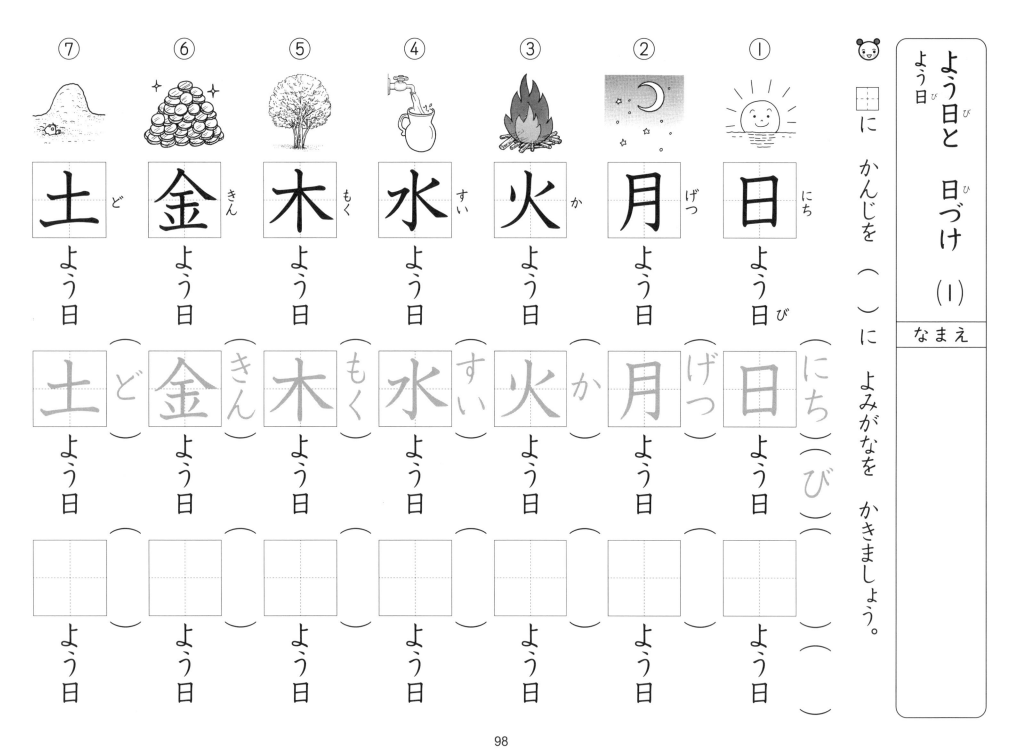

# よう日《び》と　日《ひ》づけ　(2)

よう日《び》

なまえ

あてはまる　よみかたを　――せんで　むすびましょう。

月よう日《び》　・　　・　どようび

日よう日《び》　・　　・　げつようび

土よう日《び》　・　　・　にちようび

火よう日《び》　・　　・　かようび

水よう日《び》　・　　・　もくようび

木よう日《び》　・　　・　きんようび

金よう日《び》　・　　・　すいようび

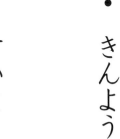

# よう日《び》と 日《ひ》づけ (3)

よう日《び》

なまえ

□に かん字《じ》を （ ）に よみがなを かきましょう。

① 日　ひ　にち

② 月　つき　げつ　がつ

③ 火　ひ　か

④ 水　みず　すい

⑤ 木　もく　き

⑥ 金　かね　きん

⑦ 土　つち　ど

① お日（　）さま

② お月（　）見《み》

③ 火（　）をけす

④ 水（　）をのむ

⑤ さくらの木（　）

⑥ お金（　）をはらう

⑦ はたけの土（　）

① 日（　）よう日（　）

② 月（　）よう日

③ 火（　）よう日

④ 水（　）よう日

⑤ 木（　）よう日

⑥ 金（　）よう日

⑦ 土（　）よう日

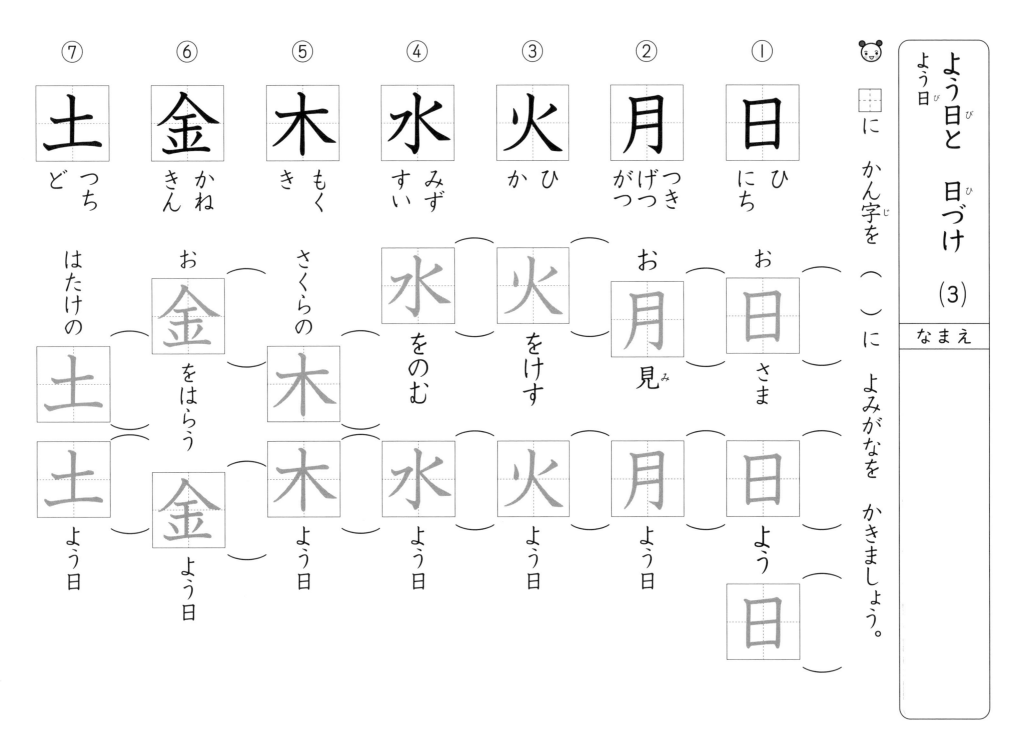

よう日《び》

# よう日《び》と 日《ひ》づけ (4)

なまえ

つぎの □ に □ から えらんで かん字《じ》を かきましょう。

① □《にち》よう日《び》、お□《ひ》さま にこにこ。

② □《げつ》よう日《び》、□《つき》が でる。

③ □《か》よう日《び》、たき□《び》する。

④ □《すい》よう日《び》、□《みず》の なか。

⑤ □《き》のぼりしたよ、□《もく》よう日《び》。

⑥ お□《かね》を はらう □《きん》よう日《び》。

⑦ □《ど》よう日《び》は、□《つち》で あそぶ。

| | | | | | | |
|---|---|---|---|---|---|---|
| 土 | 金 | 木 | 水 | 火 | 月 | 日 |

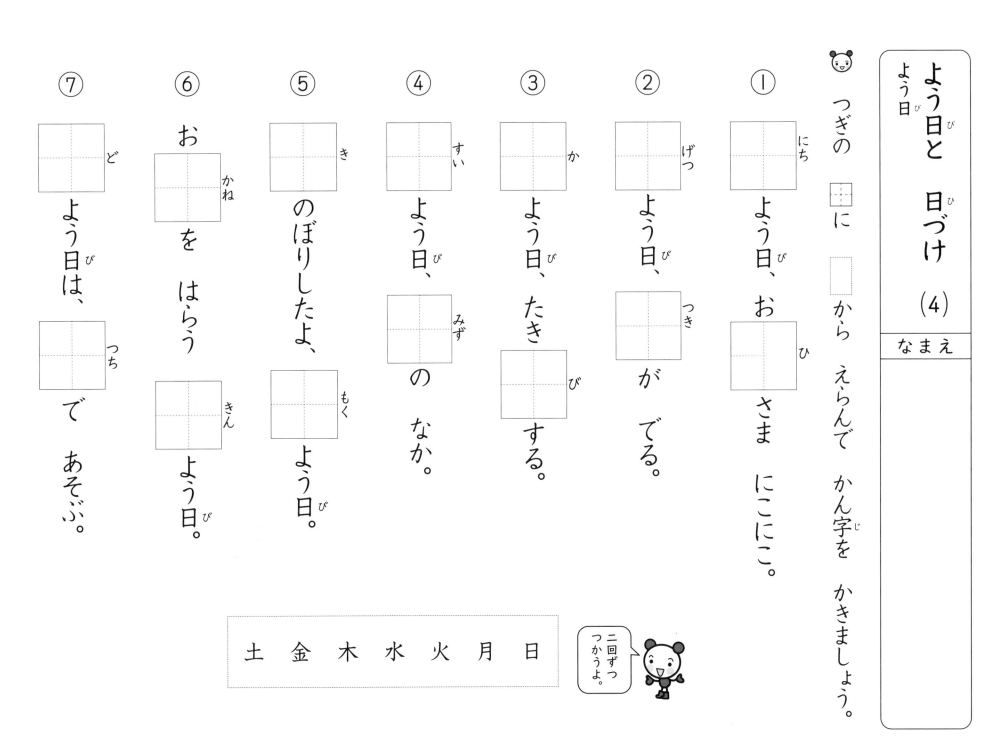

日《び》づけ

# よう日《び》と 日《ひ》づけ (5)

なまえ

日《ひ》づけを よみましょう。 かきましょう。

① 一日 ついたち　（ついたち）一日

② 二日 ふつか　（ふつか）二日

③ 三日 みっか　（みっか）三日

④ 四日 よっか　（よっか）四日

⑤ 五日 いつか　（いつか）五日

⑥ 六日 むいか　（むいか）六日

⑦ 七日 なのか　（なのか）七日

⑧ 八日 ようか　（ようか）八日

⑨ 九日 ここのか　（ここのか）九日

⑩ 十日 とおか　（とおか）十日

⑪ 二十日 はつか　（はつか）二十日

日《び》づけ

# よう日《び》と　日《ひ》づけ　(6)

なまえ

□に　かん字《じ》を、（　）に　よみかたを　かきましょう。

① 一日（ついたち）

② 二日（ふつか）

③ 三日（みっか）

④ 四日（よっか）

⑤ 五日（いつか）

⑥ 六日（むいか）

⑦ 七日（なのか）

⑧ 八日（ようか）

⑨ 九日（ここのか）

⑩ 十日（とおか）

⑪ 二十日（はつか）

# よう日《び》と 日《ひ》づけ (7)

日《び》づけ

なまえ

あてはまる よみかたを ―― せんで むすびましょう。

① 一日 ・　・ みっか

② 二日 ・　・ ついたち

③ 三日 ・　・ ふつか

④ 四日 ・　・ むいか

⑤ 五日 ・　・ よっか

⑥ 六日 ・　・ いつか

⑦ 七日 ・　・ ようか

⑧ 八日 ・　・ なのか

⑨ 九日 ・　・ とおか

⑩ 十日 ・　・ はつか

⑪ 二十日 ・　・ ここのか

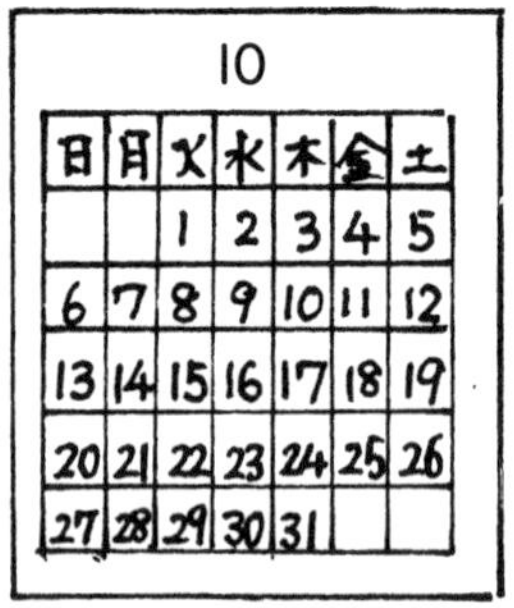

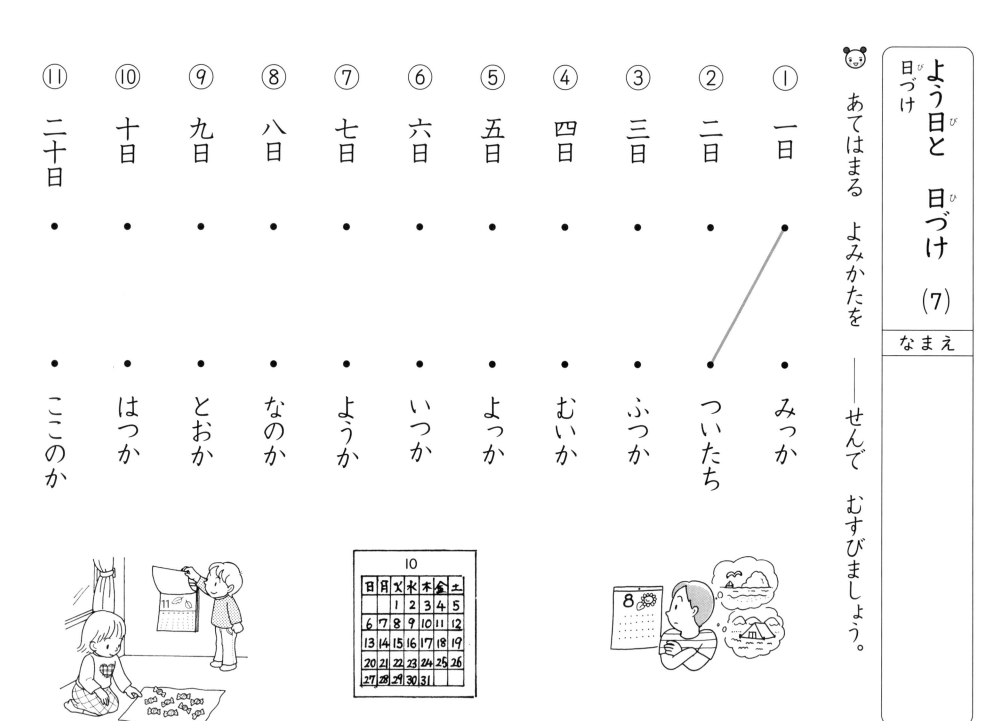

# まとめて　よぶ　ことば　(1)

なまえ

(1) つぎの　ことばの　なかまを　まとめて　よぶ　ことばを　――せんで　むすびましょう。□に　はいる　ことばを　□から　えらんで　かきましょう。

きゅうり　だいこん　にんじん　□

メロン　みかん　いちご　□

「くだもの」・　・

「やさい」・　・

□

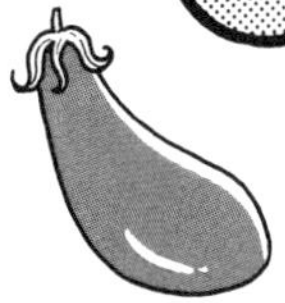

たべもの　なす　りんご

(2) □に　つぎの　ことばを　まとめて　よぶ　ことばを　□から　えらんで　かきましょう。

「つばめ」「すずめ」「はと」は、どれも　□　です。

「たんぽぽ」「ばら」「ゆり」は、どれも　□　です。

はな　やさい　とり

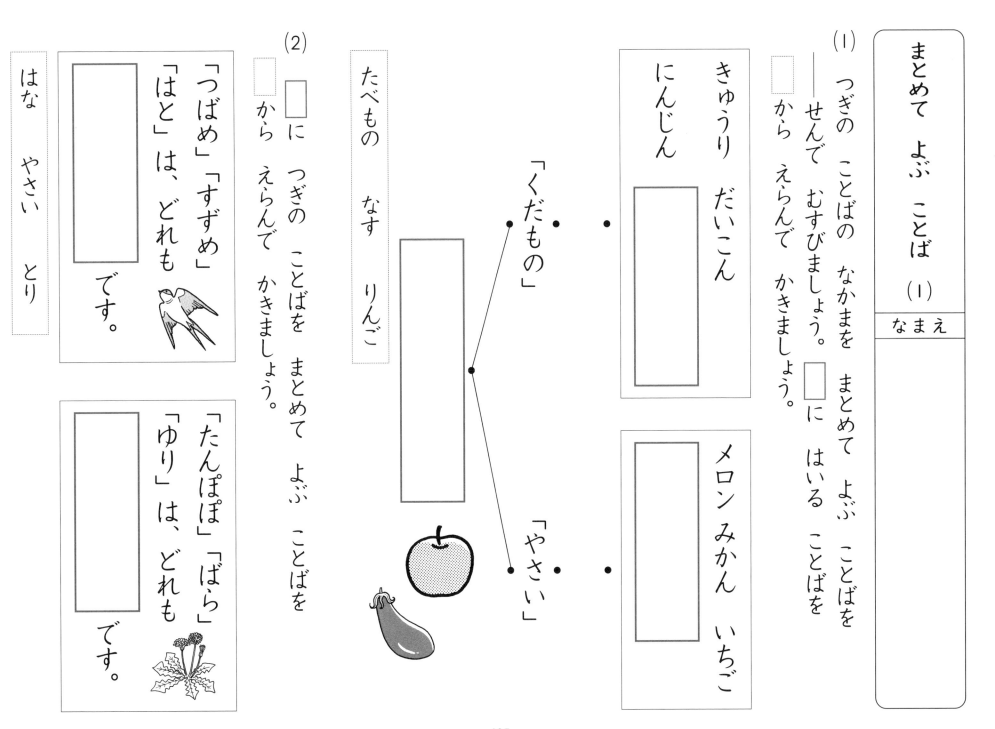

# まとめて よぶ ことば (2)

なまえ

(1) □に あてはまる ことばを □から えらんで かきましょう。

「バス」「トラック」「しょうぼう車《しゃ》」は、どれも 「　　」です。

「しんかんせん」「モノレール」「ちかてつ」は、どれも 「　　」です。

それらの なかまを まとめて 「　　」と よびます。

でん車《しゃ》　じどう車《しゃ》　のりもの

(2) □に あてはまる ことばを □から えらんで かきましょう。

「ピアノ」「たいこ」「　　」「　　」は、どれも 「がっき」です。

「かまきり」「くわがた」「　　」「　　」は、どれも 「むし」です。

もっきん　ちょうちょ　とんぼ　タンバリン

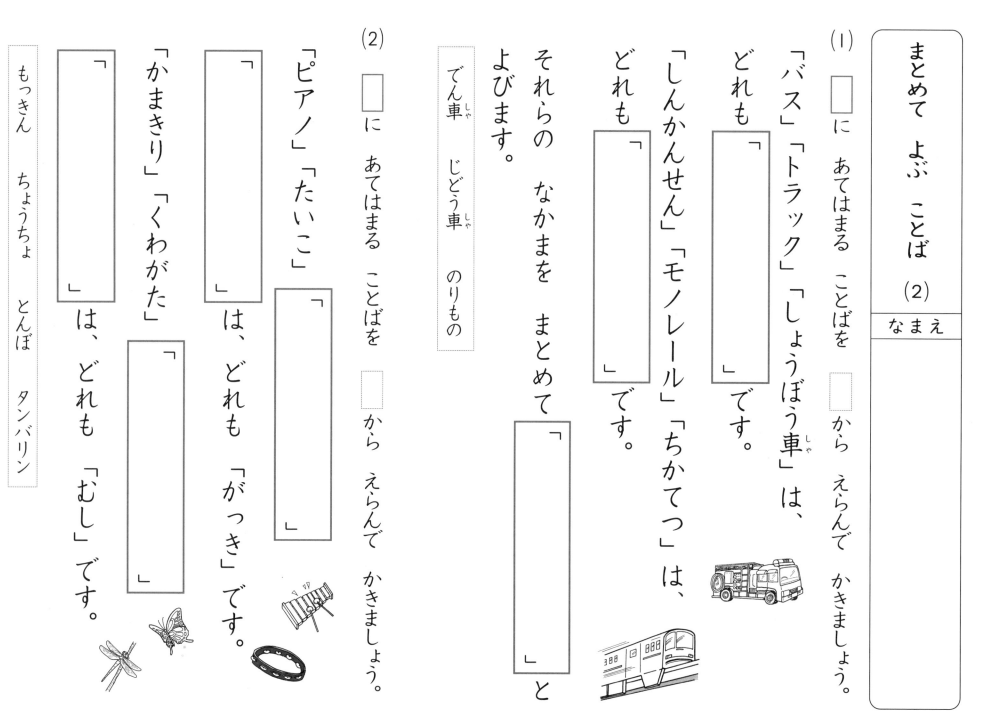

# かたちの にて いる かん字《じ》 (1)

なまえ

かたちに 気《き》を つけて □ に かきましょう。

- 人　にん　ひと
- 入　はい(る)
- 貝　かい
- 見　み(る)
- 大　だい　おお(きい)
- 犬　いぬ
- 木　き　もく
- 本　ほん

・人《ひと》が いえに 入《はい》る。

・きれいな 貝《かい》を 見《み》つける。

・大《おお》きな 犬《いぬ》

・木《き》の 下《した》で 本《ほん》を よむ。

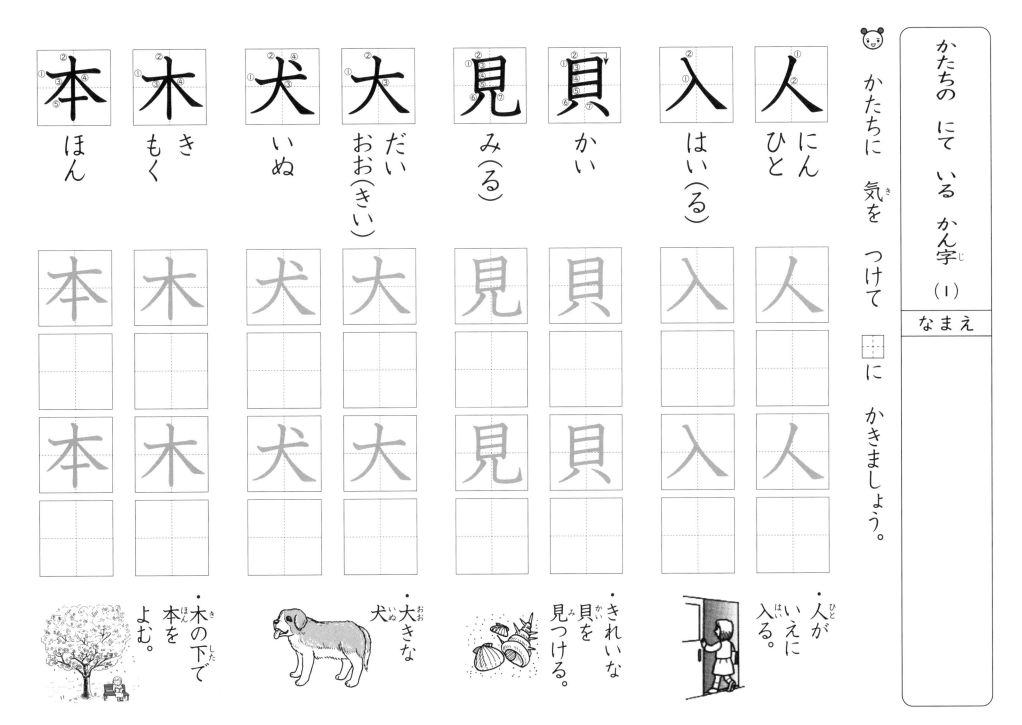

# かたちの にて いる かん字《じ》 (2)

なまえ

かたちに 気《き》を つけて □に かきましょう。

| 玉 | 王 | 中 | 虫 | 字 | 学 | 水 | 木 |
|---|---|---|---|---|---|---|---|
| たま | おう | ちゅう なか | むし | じ | がく | みず すい | もく き |

・しゃぼん玉《だま》

・王《おう》さま

・虫《むし》かごの 中《なか》

・学校《がっこう》で 字《じ》を ならう

・水《みず》を のむ

・木《もく》よう日《び》

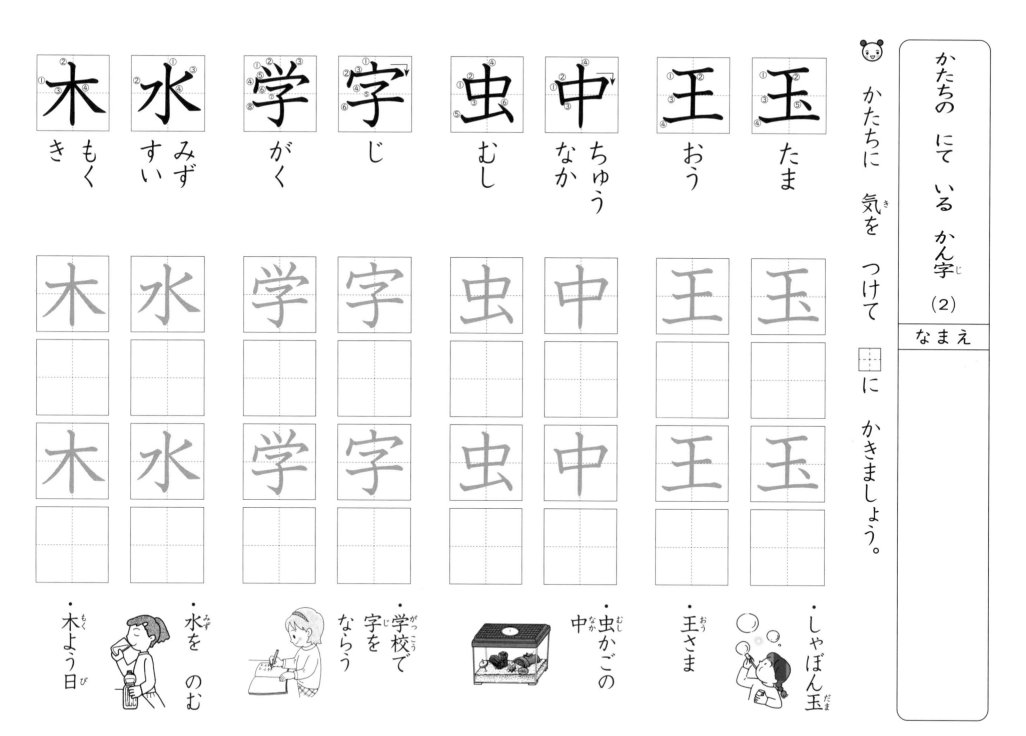

# かたちの にて いる かん字《じ》 (3)

なまえ

(1) ——せんの ことばに あう かん字《じ》を ○で かこみましょう。

① きれいな いしを みつけた。
(右・石)(見・貝)

② 三にんで へやに はいる。
(入・人)(入・人)

③ おおきな いぬが ねている。
(犬・大)(犬・大)

(2) にている かん字《じ》に 気《き》を つけて かきましょう。

① かごの □《なか》で □《むし》を かう。

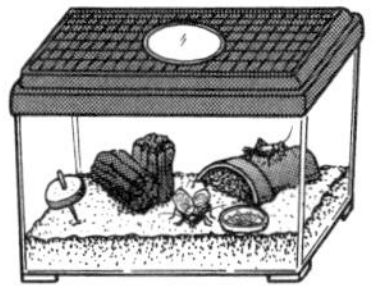

② にわの □《き》に □《みず》を やる。

③ □《つち》の □《うえ》に ねころぶ。

④ 小さな □《かい》を □《み》つける。

⑤ □《おう》さまが しゃぼん□《だま》を つくる。

| | | | | | | | | | |
|---|---|---|---|---|---|---|---|---|---|
| 水 | 木 | 貝 | 見 | 上 | 土 | 中 | 虫 | 王 | 玉 |

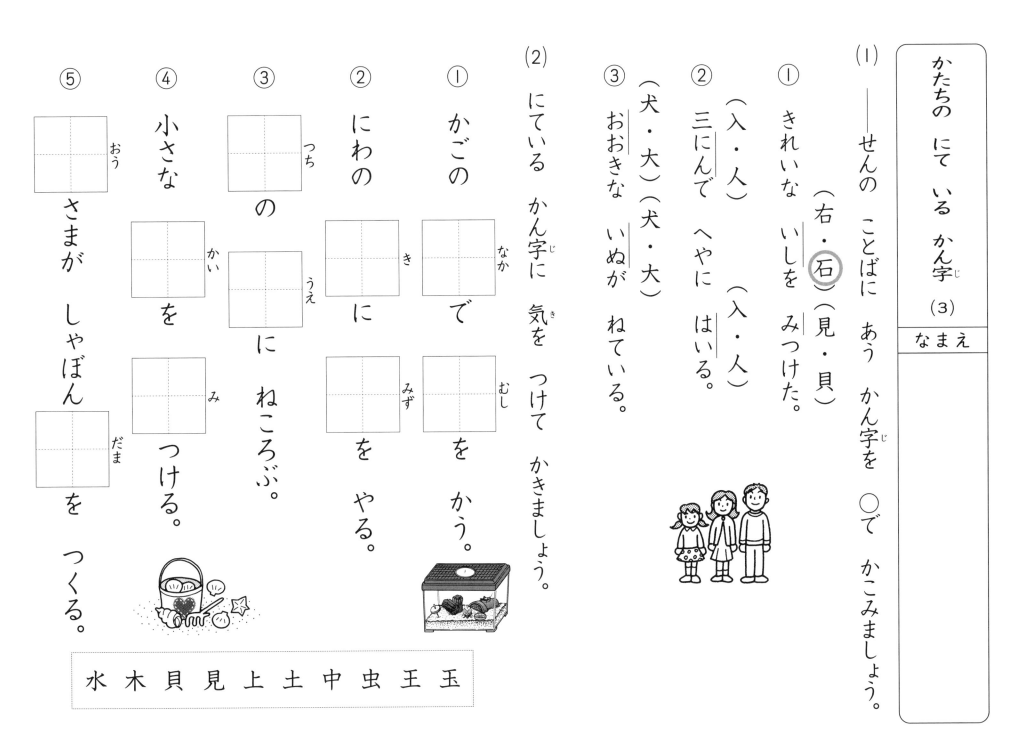

## 14頁 （4～13頁は略）

### くじらぐも (1)

なまえ

つぎの 文《ぶん》しょうを 二《に》かい よんで こたえましょう。

1

四《よ》じかんめの ことです。
一《いち》ねん二《に》くみの
子《こ》どもたちが
たいそうを して
いると、空《そら》に、
大《おお》きな くじらが
あらわれました。

2

まっしろい くもの
くじらです。
「一《いち》、二《に》、三《さん》、四《し》。」
くじらも、たいそうを
はじめました。
のびたり
ちぢんだり して、
しんこきゅうも
しました。

（令和二年度版 光村図書 こくご 一下 ともだち なかがわ りえこ）

1

(1) なんじかんめの ことですか。

**四じかんめ**

(2) 一《いち》ねん二《に》くみの 子《こ》どもたちは なにを して いますか。

**たいそう**

(3) 空《そら》に、大《おお》きな なにが あらわれましたか。

**くじら**

2

(1) どんな くじらですか。

（ ）まっくろい うみの くじら
（〇）まっしろい くもの くじら

(2) くじらは、どんな たいそうを はじめましたか。

「**のび**」たり 「**ちぢん**」だり して、「**しんこきゅう**」も しました。



## 15頁

### くじらぐも (2)

なまえ

つぎの 文《ぶん》しょうを 二《に》かい よんで こたえましょう。

1

みんなが かけあしで
うんどうじょうを
まわると、
くもの くじらも、
空《そら》を まわりました。

2

せんせいが
ふえを ふいて、
とまれの あいずを
すると、くじらも
とまりました。

（令和二年度版 光村図書 こくご 一下 ともだち なかがわ りえこ）

1

(1) みんなは かけあしで、どこを まわりましたか。

**うんどうじょう**

(2) くもの くじらは、どこを まわりましたか。

「**空**」を まわりました。

2

(1) だれが ふえを ふきましたか。

**せんせい**

(2) せんせいは ふえを ふいて、なにの あいずを しましたか。

「**とまれ**」の あいず

(3) とまれの あいずで くじらも、どう しましたか。

**とまりました。**



## 16頁

### くじらぐも (3)

なまえ

つぎの 文《ぶん》しょうを 二《に》かい よんで こたえましょう。

1

「まわれ、みぎ。」
せんせいが
ごうれいを かけると、
くじらも、空《そら》で
まわれみぎを しました。

2

あ「あの くじらは、
きっと がっこうが
すきなんだね。」

（令和二年度版 光村図書 こくご 一下 ともだち なかがわ りえこ）

1

(1) 「まわれ、みぎ。」と だれが ごうれいを かけましたか。

**せんせい**

(2) くじらも、空《そら》で なにを しましたか。

**まわれみぎ**

2

(1) あ あの くじらとは、どの くじらの ことですか。〇を つけましょう。

（ ）うみの くじら
（〇）くもの くじら

(2) みんなは、くじらの ことを どう おもいましたか。

「あの くじらは、きっと 「**がっこう**」が 「**すき**」なんだね。」



## 17頁

### くじらぐも (4)

なまえ

つぎの 文《ぶん》しょうを 二《に》かい よんで こたえましょう。

とうじょうじんぶつ みんな・くもの くじら

1

みんなは、
大《おお》きな こえで、
「おうい。」
と よびました。

2

「おうい。」
と、くじらも
こたえました。

（令和二年度版 光村図書 こくご 一下 ともだち なかがわ りえこ）

1

(1) みんなは、どんな こえで よびましたか。

**大きな** こえ

(2) みんなは、だれを よびましたか。

くもの **くじら**

2

(1) くじらも、なんと こたえましたか。

「**おうい**」。

(2) くじらは、だれに こたえましたか。

**みんな**

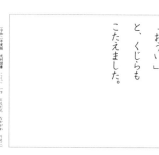

## 解答例

本書の解答は，あくまでもひとつの例です。児童に取り組ませる前に，必ず指導される方が問題を解いてください。指導される方の作られた解答をもとに，児童の多様な考えに寄り添って○つけをお願いします。

### 18頁

くじらぐも (5)　なまえ

つぎの 文《ぶん》しょうを 二《に》かい よんで こたえましょう。

（とうじょうじんぶつ）みんな・くもの　くじら

1

あ「ここへ　おいでよう。」
みんなが　さそうと、
い「ここへ　おいでよう。」
と、くじらも
さそいました。

2

「よし　きた。くもの
くじらに　とびのろう。」
男《おとこ》の子《こ》も、
女《おんな》の子《こ》も、
はりきりました。

（令和二年度版　光村図書　こくご　一下　ともだち　なかがわ　りえこ）

1

(1) あの「ここへ　おいでよう。」と さそったのは　だれですか。
（○）みんな
（　）くじら

(2) いの「ここへ　おいでよう。」と さそったのは、だれですか。

くじら

2

(1) みんなは、なにに　とびのろうと いって　いますか。

くもの　くじら

(2) だれが　はりきりましたか。

［男］の子《こ》も、［女］の子《こ》も、はりきりました。



### 19頁

くじらぐも (6)　なまえ

つぎの 文《ぶん》しょうを 二《に》かい よんで こたえましょう。

（とうじょうじんぶつ）みんな・くもの　くじら

1

みんなは、手《て》を
つないで、
まるい　わに
なると、
「天《てん》まで　とどけ、
一《いち》、二《に》、三《さん》。」
と　ジャンプしました。

2

でも、とんだのは、やっと
三十《さんじゅっ》センチぐらいです。
「もっと　たかく。
もっと　たかく。」
と、くじらが
おうえんしました。

（令和二年度版　光村図書　こくご　一下　ともだち　なかがわ　りえこ）

1

(1) みんなは　手《て》を　つないで どんな　かたちに　なりましたか。
（○）まるい　わ
（　）まっすぐな　せん

(2) みんなは、なんと　いって ジャンプしましたか。

「［天］まで［とどけ］、［一］、［二］、［三］。」

2

(1) ①だれが　②なんセンチぐらい とびましたか。

① だれが　［みんな］が

② なんセンチ　［三十］センチ

(2) だれが、おうえんしましたか。

くじら



### 20頁

くじらぐも (7)　なまえ

つぎの 文《ぶん》しょうを 二《に》かい よんで こたえましょう。

（とうじょうじんぶつ）みんな・くもの　くじら

あ「天《てん》まで　とどけ、
一《いち》、二《に》、三《さん》。」
こんどは、
五十《ごじゅっ》センチぐらい
とべました。
い「もっと　たかく。
もっと　たかく。」
と、くじらが
おうえんしました。

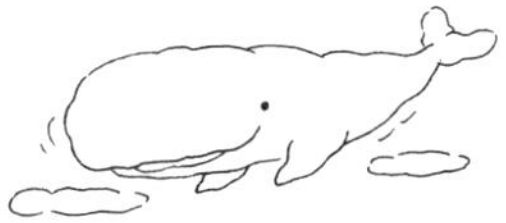

（令和二年度版　光村図書　こくご　一下　ともだち　なかがわ　りえこ）

(1) あの「天《てん》まで　とどけ、一《いち》、二《に》、三《さん》。」は、だれが　いった ことばですか。

みんな

(2) いの「もっと　たかく。」は、だれが　いった　ことばですか。

くじら

(3) こんどは、なんセンチぐらい とべましたか。

［五十］センチ

(4) いの「もっと　たかく。」と だれが、だれを　おうえん しましたか。
（　）みんなが　くじらを おうえんした。
（○）くじらが　みんなを おうえんした。



### 21頁

くじらぐも (8)　なまえ

つぎの 文《ぶん》しょうを 二《に》かい よんで こたえましょう。

1

「天《てん》まで　とどけ、
一《いち》、二《に》、三《さん》。」
その　ときです。
あいきなり、かぜが、
みんなを　空《そら》へ
ふきとばし
ました。

2

そして、
いあっと　いう　まに、
せんせいと
子《こ》どもたちは、
手《て》を　つないだ　まま、
くもの　くじらに
のって　いました。

（令和二年度版　光村図書　こくご　一下　ともだち　なかがわ　りえこ）

1

(1) あいきなりと　おなじ　ことを あらわす　ことばに　○を つけましょう。
（　）ゆっくり
（○）きゅうに

(2) かぜは、みんなを　どこへ ふきとばしましたか。

空

2

(1) いあっと　いう　まと　おなじ ことを　あらわす　ことばに ○を　つけましょう。
（　）だんだんと
（○）とても　みじかい　あいだ

(2) だれと　だれが、くもの くじらに　のって　いましたか。

［せんせい］と［子ども］たち

本書の解答は，あくまでもひとつの例です。児童に取り組ませる前に，必ず指導される方が問題を解いてください。指導される方の作られた解答をもとに，児童の多様な考えに寄り添って○つけをお願いします。

# 解答例

## 22頁

### くじらぐも (9)

なまえ

つぎの 文《ぶん》しょうを 二《に》かい よんで こたえましょう。

あ「さあ、およぐぞ。」
くじらは、青《あお》い 青《あお》い 空《そら》の なかを、げんき いっぱい すすんで いきました。
うみの ほうへ、むらの ほうへ、まちの ほうへ。
みんなは、うたを うたいました。
空《そら》は、どこまでも どこまでも つづきます。

（令和二年度版 光村図書 こくご 一下 ともだち なかがわ りえこ）

(1) あの「さあ、およぐぞ。」と いったのは、だれですか。

くじら

(2) くじらは、どこへ すすんで いきましたか。

うみ の ほうへ、むら の ほうへ、まち の ほうへ。

(3) みんなは、なにを しましたか。

みんなは、うた を うたい ました。

(4) どこまでも どこまでも つづいているのは、なにですか。

空



## 23頁

### くじらぐも (10)

なまえ

つぎの 文《ぶん》しょうを 二《に》かい よんで こたえましょう。

1
あ「おや、もう おひるだ。」
せんせいが うでどけいを みて、おどろくと、
「では、かえろう。」
と、くじらは、い まわれみぎを しました。

2
しばらく いくと、がっこうの やねが、みえて きました。くじらぐもは、ジャングルジムの うえに、みんなを おろしました。

（令和二年度版 光村図書 こくご 一下 ともだち なかがわ りえこ）

1 (1) あの「おや、もう おひるだ。」は、だれが いった ことばですか。

せんせい

(2) いの まわれみぎを したのは、だれですか。

くじら

2 (1) しばらく いくと、なにが みえて きましたか。

がっこうの やね

(2) くじらぐもは、どこに みんなを おろしましたか。

ジャングルジム の うえ



## 24頁

### くじらぐも (11)

なまえ

つぎの 文《ぶん》しょうを 二《に》かい よんで こたえましょう。

1
あ「さようなら。」
みんなが 手《て》を ふった とき、四《よ》じかんめの おわりの チャイムが なりだしました。

2
い「さようなら。」
くもの くじらは、また、げんき よく、青《あお》い 空《そら》の なかへ かえって いきました。

（令和二年度版 光村図書 こくご 一下 ともだち なかがわ りえこ）

1 (1) あの「さようなら。」と いったのは、だれですか。

みんな

(2) みんなが 手《て》を ふった とき なにが なりだしましたか。

四 じかんめの おわり の チャイム

2 (1) いの「さようなら。」と いったのは だれですか。

くじら

(2) くもの くじらは、どんな ふうに かえって いきましたか。

げんき よく、青《あお》い 空 の なかへ かえって いきました。



## 25頁

### じどう車《しゃ》くらべ (1)

なまえ

つぎの 文《ぶん》しょうを 二《に》かい よんで こたえましょう。

1
バスや じょうよう車《しゃ》は、人《ひと》を のせて はこぶ しごとを して います。

2
その ために、ざせきの ところが、ひろく つくって あります。

3
そとの けしきが よく 見《み》えるように、大《おお》きな まどが たくさん あります。

（令和二年度版 光村図書 こくご 一下 ともだち）

1 バスや じょうよう車《しゃ》は どんな しごとを して いますか。

人 を のせて はこぶ しごと

2 どこが ひろく つくって ありますか。

ざせき の ところ

3 なにが よく 見《み》えるように 大《おお》きな まどが たくさん あるのですか。

そとの けしき

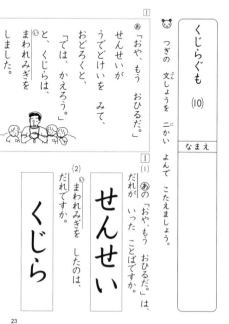

## 解答例

本書の解答は，あくまでもひとつの例です。児童に取り組ませる前に，必ず指導される方が問題を解いてください。指導される方の作られた解答をもとに，児童の多様な考えに寄り添って○つけをお願いします。

### 26頁

じどう車《しゃ》くらべ (2)

なまえ

つぎの 文《ぶん》しょうを 二《に》かい よんで こたえましょう。

1 クレーン車《しゃ》は、おもい ものを つり上《あ》げる しごとを して います。

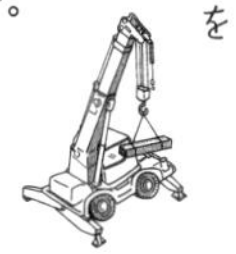

2 その ために、ⓐうでが、じょうぶな のびたり うごいたり するように、つくって あります。

3 車《しゃ》たいが かたむかないように、しっかりした あしが、ついて います。

1 クレーン車《しゃ》は どんな しごとを して いますか。

おもい ものを つり上げる しごと。

2 ⓐうでが なにを するように つくって ありますか。

のびたり うごいたり するように、つくって あります。

3 車《しゃ》たいが かたむかないように、なにが ついて いますか。

しっかりした あし



### 27頁

たぬきの 糸車《いとぐるま》 (1)

なまえ

つぎの あらすじと 文《ぶん》しょうを 二《に》かい よんで こたえましょう。

むかし ある 山《やま》おくに、きこりの ふうふが すんで いました。まいばんのように たぬきが やって きて いたずらを しました。そこで、きこりは わなを しかけました。ある 月《つき》の きれいな ばん、おかみさんが 糸車《いとぐるま》を まわして 糸《いと》を つむいで いると やぶれしょうじの あなから、たぬきが のぞいて、糸車《いとぐるま》を まわす まねを して いました。それから、まいばん たぬきは 糸車《いとぐるま》を まわす まねを くりかえしました。おかみさんは、たぬきを 「いたずらもんだが、かわいいな。」と おもいました。あるばん たぬきが、わなに かかって しまいました。おかみさんは、たぬきを にがして やりました。

1 やがて、山《やま》の 木《き》の はが おちて、ふゆが やって きました。

※わな…とりや けものを とる しかけ

2 ゆきが ふりはじめると、きこりの ふうふは、村《むら》へ 下《お》りて いきました。

※きこり…山《やま》で 木《き》を きる ことを しごとに して いる 人《ひと》。

※ふうふ…けっこんした おとこの 人《ひと》と おんなの 人《ひと》。

（令和二年度版 光村図書 こくご 二下 ともだち きし なみ）

1 (1) やがて 山《やま》の、なにが おちましたか。

木のは

(2) なにが やって きましたか。

ふゆ

2 (1) ゆきが ふりはじめると、きこりの ふうふは、どこへ おりて いきましたか。

村 へ 下《お》りて いきました。



### 28頁

たぬきの 糸車《いとぐるま》 (2)

なまえ

つぎの 文《ぶん》しょうを 二《に》かい よんで こたえましょう。

はるに なって、また、きこりの ふうふは、山《やま》おくの こやに ⓐもどって きました。

とを あけた とき、おかみさんは、あっと おどろきました。

（令和二年度版 光村図書 こくご 二下 ともだち きし なみ）

(1) きこりの ふうふは いつ ⓐもどって きましたか。

はる に なって

(2) きこりの ふうふは、どこに ⓐもどって きましたか。

山おくの こや

(3) とを あけた とき、おかみさんは、どう しましたか。

あっと おどろきました。



### 29頁

たぬきの 糸車《いとぐるま》 (3)

なまえ

つぎの 文《ぶん》しょうを 二《に》かい よんで こたえましょう。

（とうじょうじんぶつ） おかみさん・たぬき

1 いたの間《ま》に、白《しろ》い 糸《いと》の たばが、山《やま》のように つんで あったのです。

2 そのうえ、ほこりだらけの はずの 糸車《いとぐるま》には、まきかけた 糸《いと》まで かかって います。

（令和二年度版 光村図書 こくご 二下 ともだち きし なみ）

1 いたの間《ま》に、①なにが ②どのように つんで ありましたか。

① なに（が）

白《しろ》い 「糸」 の 「たば」 が

② どのように

つんで 「山」 のように つんで あったのです。

2 糸車《いとぐるま》には、なにが かかって いましたか。

「まきかけた 糸」 まで かかって います。

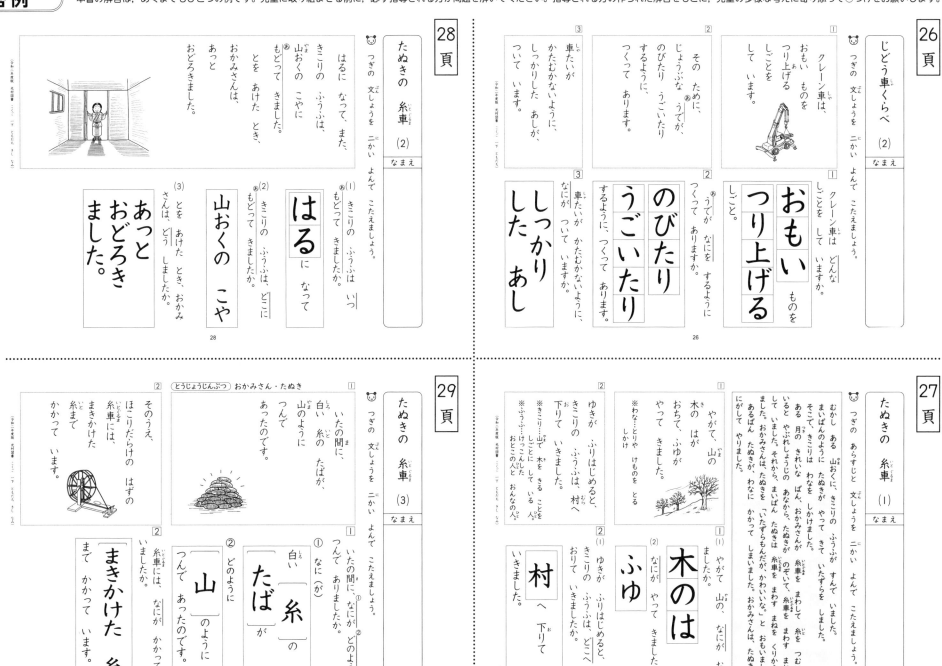

## 30頁

たぬきの 糸車《いとぐるま》 (4)

なまえ

つぎの 文《ぶん》しょうを 二《に》かい よんで こたえましょう。

1

「はあて、ふしぎな。
どう した こっちゃ。」
おかみさんは、
そう おもいながら、
土間《どま》で ごはんを
たきはじめました。

2

すると、
キーカラカラ
キーカラカラ
キークルクル
キークルクル
と、糸車《いとぐるま》の まわる 音《おと》が、
きこえて きました。

（令和二年度版　光村図書　こくご　一下　ともだち　きし　なみ）

1

(1) おかみさんは どう おもい ましたか。

はあて、ふしぎな。どう した こっちゃ。

(2) おかみさんは、土間《どま》で なにを たきはじめましたか。

ごはん

2

(1) キーカラカラ キークルクルは なんの 音《おと》ですか。

糸車の まわる 音



## 31頁

たぬきの 糸車《いとぐるま》 (5)

なまえ

つぎの 文《ぶん》しょうを 二《に》かい よんで こたえましょう。

とうじょうじんぶつ　おかみさん・たぬき

びっくりして
ふりむくと、
いたどの かげから、
ちゃいろの しっぽが
(あ)ちらりと 見《み》えました。
(い)そっと のぞくと、
いつかの たぬきが、
じょうずな 手《て》つきで、
糸《いと》を つむいで
いるのでした。

※つむぐ…わたや まゆを 糸《いと》にすること

（令和二年度版　光村図書　こくご　一下　ともだち　きし　なみ）

(1) (あ)ちらりと 見《み》えました。と ありますが、①どこから ②なにが 見《み》えましたか。

① どこ（から）　いたど の かげ から

② なに（が）　ちゃいろ の しっぽ が

(2) (い)そっと のぞいたのは だれですか。

おかみさん

(3) たぬきは なにを しているのですか。

「糸を つむいでいる」のでした。



## 32頁

たぬきの 糸車《いとぐるま》 (6)

なまえ

つぎの 文《ぶん》しょうを 二《に》かい よんで こたえましょう。

とうじょうじんぶつ　おかみさん・たぬき

たぬきは、
つむぎおわると、
こんどは、いつも
おかみさんが
して いた
とおりに、
たばねて わきに
つみかさねました。

（令和二年度版　光村図書　こくご　一下　ともだち　きし　なみ）

(1) 糸《いと》を つむいで いたのは だれですか。

たぬき

(2) いつも おかみさんが して いた とおりに たぬきが した ことを かきましょう。

たばね て わき に つみかさね ました。



## 33頁

たぬきの 糸車《いとぐるま》 (7)

なまえ

つぎの 文《ぶん》しょうを 二《に》かい よんで こたえましょう。

とうじょうじんぶつ　おかみさん・たぬき

1

たぬきは、ふいに、
おかみさんが のぞいて
いるのに 気《き》が つきました。

※ふいに…とつぜん

2

たぬきは、
(あ)ぴょこんと そとに
とび下《お》りました。
そして、(い)うれしくて
たまらないと
いうように、
(う)ぴょんぴょこ
おどりながら
かえって
いきましたとさ。

（令和二年度版　光村図書　こくご　一下　ともだち　きし　なみ）

1

(1) たぬきは、だれが のぞいて いるのに 気《き》が つきましたか。

おかみさん

2

(1) たぬきは、(あ)ぴょこんと なにを しましたか。

「そと」に「とび下り」ました。

(2) たぬきは、(う)ぴょんぴょこ なにを しましたか。

おどり ながら かえって いきました。

(3) たぬきは、なぜ (い)うれしくて たまらないと いうように かえって いったのでしょうか。おもった ことを かきましょう。

（れい）
たすけて くれた おかみさんに、たくさん 糸を つむいで あげる ことが できたから。

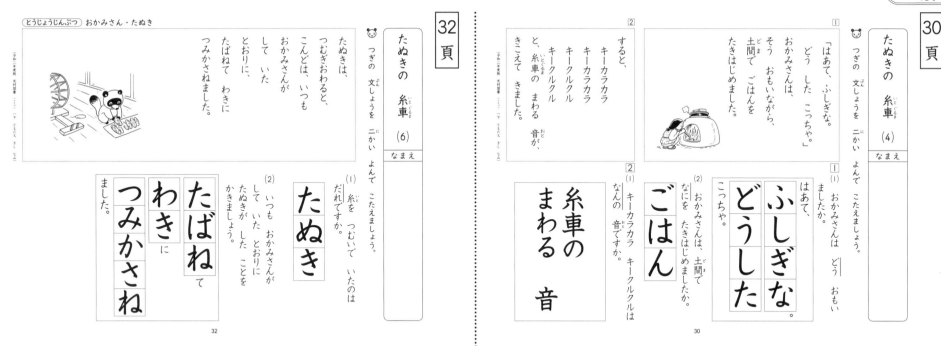

本書の解答は，あくまでもひとつの例です。児童に取り組ませる前に，必ず指導される方が問題を解いてください。指導される方の作られた解答をもとに，児童の多様な考えに寄り添って○つけをお願いします。

## 34頁

### どうぶつの 赤《あか》ちゃん (1)

なまえ

つぎの 文《ぶん》しょうを 二《に》かい よんで こたえましょう。

1

ライオンの
赤《あか》ちゃんは、
生《う》まれた ときは、
子《こ》ねこぐらいの
大《おお》きさです。

2

目《め》や 耳《みみ》は、
とじた ままです。
ライオンは、
どうぶつの 王《おう》さまと
いわれます。

（令和二年度版 光村図書 こくご 一下 ともだち ますい みつこ）

1

(1) なんの 赤《あか》ちゃんの おはなしですか。

「ライオン」の 赤《あか》ちゃんの おはなし

(2) 生《う》まれた ときは どのぐらいの 大《おお》きさですか。

「子ねこ」ぐらいの 大《おお》きさ。

2

(1) ライオンの 赤《あか》ちゃんの、生《う》まれた ときは、目《め》や 耳《みみ》は、どう なって いますか。

（ ）大《おお》きく あいている。
（○）とじた まま。

(2) ライオンは なんと いわれますか。

「どうぶつ」の「王さま」と いわれます。



## 35頁

### どうぶつの 赤《あか》ちゃん (2)

なまえ

つぎの 文《ぶん》しょうを 二《に》かい よんで こたえましょう。

1

けれども、赤《あか》ちゃんは、
よわよわしくて、
おかあさんに
あまり にて いません。

2

ライオンの
赤《あか》ちゃんは、じぶんでは
あるく ことが
できません。
よそへ いく ときは、
おかあさんに、
口《くち》に くわえて
はこんで
もらうのです。

（令和二年度版 光村図書 こくご 一下 ともだち ますい みつこ）

1

(1) ライオンの 赤《あか》ちゃんは、どんな ようすですか。

（○）よわよわしい。
（ ）とても つよそうだ。

(2) ライオンの 赤《あか》ちゃんは おかあさんに にていますか。□に あてはまる ことばを かきましょう。

あまり「にて いません」。

2

(1) ライオンの 赤《あか》ちゃんは じぶんで あるけますか。

じぶんでは あるく ことが「できません」。

(2) よそへ いく ときは、どんな ふうに はこんで もらいますか。

「おかあさん」に、「口」に「くわえて」 はこんで もらうのです。



## 36頁

### どうぶつの 赤《あか》ちゃん (3)

なまえ

つぎの 文《ぶん》しょうを 二《に》かい よんで こたえましょう。

ライオンの
赤《あか》ちゃんは、
生《う》まれて
二《に》か月《げつ》ぐらいは、
おちちだけ
のんで いますが、
やがて、おかあさんの
とった えものを
たべはじめます。

※えもの…どうぶつが じぶんの たべものとして つかまえる いきもの。

（令和二年度版 光村図書 こくご 一下 ともだち ますい みつこ）

(1) ライオンの 赤《あか》ちゃんは、なにを のんで いますか。□に かきましょう。

生《う》まれて二《に》か月《げつ》ぐらいは、「おちち」だけ のんで います。

(2) やがて ライオンの 赤《あか》ちゃんは なにを たべはじめますか。

「おかあさん」の とった「えもの」



## 37頁

### どうぶつの 赤《あか》ちゃん (4)

なまえ

つぎの 文《ぶん》しょうを 二《に》かい よんで こたえましょう。

1

一年《いちねん》ぐらい たつと、
おかあさんや
なかまが
するのを 見《み》て、
えものの
とりかたを
おぼえます。

2

そして、じぶんで
つかまえて
たべるように
なります。

（令和二年度版 光村図書 こくご 一下 ともだち ますい みつこ）

1

一年《いちねん》ぐらい たつと、なにを おぼえますか。

おかあさんや「なかま」が するのを 見《み》て、「えもの」の「とりかた」を おぼえます。

2

そして、なにを じぶんで つかまえて たべるように なりますか。

「えもの」

本書の解答は，あくまでもひとつの例です。児童に取り組ませる前に，必ず指導される方が問題を解いてください。指導される方の作られた解答をもとに，児童の多様な考えに寄り添って○つけをお願いします。

# 解答例

## 38頁

### ありがとう

なまえ

つぎの しを 二《に》かい よんで こたえましょう。

ありがとう
しょうじ たけし

ありがとう
ありがとう
いえば とっても
いい きもち
いわれりゃ もっと
いい きもち
ありがとう
ありがとう

※いえば…いったら、いうと。
※いわれりゃ…いわれると

（令和二年度版 東京書籍 あたらしい こくご 一下 しょうじ たけし）

(1) この しの、はじめの ことばを かきましょう。

ありがとう

(2) 「ありがとう」と、いうと どんな きもちに なりますか。

とっても いい きもち

(3) 「ありがとう」と、いわれると どんな きもちに なりますか。

もっと いい きもち



## 39頁

### サラダで げんき (1)

なまえ

つぎの あらすじと 文《ぶん》しょうを 二《に》かい よんで こたえましょう。

りっちゃんは、びょうきの おかあさんに、なにか いい ことを して あげたいと おもいました。そして、おかあさんに おいしくて げんきに なる サラダを つくって あげようと、サラダを つくり はじめました。すると、のらねこが 「かつおぶしを 入《い》れると いいですよ。」と、おしえて くれたので りっちゃんは サラダに かつおぶしを いれました。犬《いぬ》は 「ハムサラダが、いちばんさ。」と、おしえて くれたので ハムを 入《い》れました。すずめは 「とうもろこしを 入《い》れないと げんきに なれない。うたも じょうずに なれない。」と、おしえて くれたので とうもろこしを 入《い》れました。

とうじょうじんぶつ りっちゃん・あり

すると、Ⓐこそこそと、
小《ちい》さな
おとが
しました。
Ⓘ「あら、だれかしら。」
Ⓤ「ぼく、ぼくですよ。」
ありが ずらりと
ならんで いました。

※ずらり…たくさん ならんでいる ようす。

（令和二年度版 東京書籍 あたらしい こくご 一下 かどの えいこ）

(1) Ⓐこそこそと、どんな おとが しましたか。

「小さな」おと

(2) ⒾとⓊの ことばは、りっちゃんか ありの どちらが いった ことばですか。

Ⓘ りっちゃん

Ⓤ あり



## 40頁

### サラダで げんき (2)

なまえ

つぎの 文《ぶん》しょうを 二《に》かい よんで こたえましょう

とうじょうじんぶつ りっちゃん・あり

Ⓐ「サラダには
おさとうを
ちょっぴり。
これが こつ。
おかげで、ありは
いつも
はたらきものさ。」
Ⓘ「まあ、おしえて
くれて
ありがとう。
じゃ、
Ⓤちょっとだけ。」

※こつ…よい やりかた。ここでは、サラダを おいしくする やりかた。

（令和二年度版 東京書籍 あたらしい こくご 一下 かどの えいこ）

(1) ⒶとⒾの ことばは、だれが いった ことばですか。

Ⓐ あり

Ⓘ りっちゃん

(2) ありは サラダに なにを 入《い》れると いいと いいましたか。

（お）さとう

(3) りっちゃんは Ⓤちょっとだけ なにを しましたか。

ちょっとだけ サラダに 「（お）さとう」を 入《い》れました。



## 41頁

### サラダで げんき (3)

なまえ

つぎの 文《ぶん》しょうを 二《に》かい よんで こたえましょう

1 とうじょうじんぶつ りっちゃん・うま・おまわりさん

こんどは、
おまわりさんを
のせた うまが
やってきました。
Ⓐ「なんと いっても、
サラダには にんじん。
おかげで、かけっこは
いつも 一《いっ》とうしょう。」
Ⓘ「まあ、ありがとう。」

2

Ⓤその とき、
「でんぽうでえす。」
と、こえが して、
でんぽうが とどきました。

（令和二年度版 東京書籍 あたらしい こくご 一下 かどの えいこ）

1

(1) ⒶとⒾの ことばは、だれが いった ことばですか。（ ）に Ⓐか Ⓘの あてはまるほうを かきましょう。

（Ⓘ）りっちゃん
（Ⓐ）うま

(2) うまは、サラダに なにを 入《い》れると いいと いいましたか。

にんじん

(3) サラダに にんじんを いれると かけっこは いつも なんとうしょうですか。

一とうしょう

2

(1) Ⓤその とき とは どんなときですか。○を つけましょう。

（ ）かけっこで 一《いっ》とうしょうに なった とき。
（○）りっちゃんが 「まあ、ありがとう。」と いった とき。

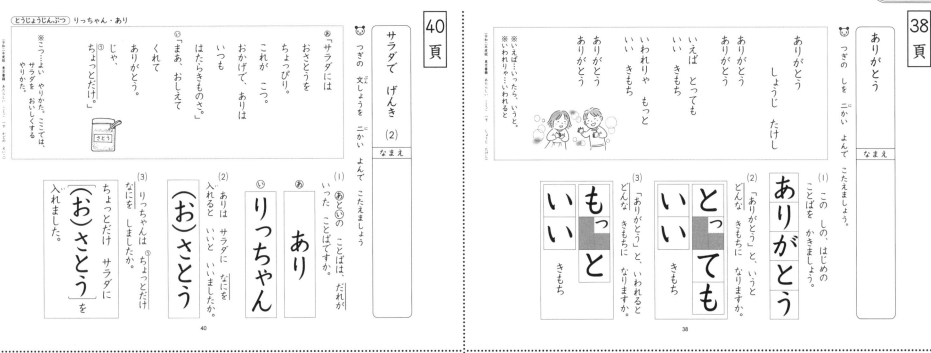

本書の解答は，あくまでもひとつの例です。児童に取り組ませる前に，必ず指導される方が問題を解いてください。指導される方の作られた解答をもとに，児童の多様な考えに寄り添って○つけをお願いします。

## 42頁

サラダで　げんき　(4)

なまえ

つぎの　文《ぶん》しょうを　二《に》かい　よんで　こたえましょう。

りっちゃんに　でんぽうが　とどきました。

あ「サラダには
うみの　こんぶ
入《い》れろ、
かぜ　ひかぬ、
いつも　げんき。
ほっきょくかい
白《しろ》くまより。」

※ほっきょくかい…ちきゅうの　きたに　ある　つめたい　うみ

（令和二年度版　東京書籍　あたらしい　こくご　一下　かどの　えいこ）

(1) でんぽうに　かいてある　はじめの　五《ご》もじを　かきましょう。

サラダには

(2) サラダには　なにを　入《い》れろ、と　かいて　ありましたか。

「うみ」の「こんぶ」

(3) それを　たべると　どうなりますか。二《ふた》つに　○を　つけましょう。

(○) かぜ　ひかぬ。
(　) およぎ　うまい。
(○) いつも　げんき。

(4) あの　でんぽうは　だれから　とどきましたか。

ほっきょくかい「白くま」より。



## 43頁

サラダで　げんき　(5)

なまえ

つぎの　あらすじと　文《ぶん》しょうを　二《に》かい　よんで　こたえましょう。

りっちゃんは、びょうきの　おかあさんの　ために　サラダを　つくっています。そこへ、白《しろ》くまから　でんぽうが　とどきました。

1

りっちゃんは、
こえを　出《だ》して
でんぽうを　よむと、
こんぶを　きって、
サラダに　入《い》れました。
あ「さあ、いこれで
できあがり。」

2

「おかあさん、サラダが
できましたよ。
うっいっしょに
えいただきましょう。」
りっちゃんは、大《おお》きな
こえで　いいました。

（令和二年度版　東京書籍　あたらしい　こくご　一下　かどの　えいこ）

1

(1) あの　ことばは、だれが　いいましたか。

りっちゃん

(2) いこれで　できあがり　と　いう　ことばは、りっちゃんが　なにを　した　あとに　いいましたか。

「こんぶ」を「きって」、サラダに　入《い》れた　あと。

2

(1) うりっちゃんと、だれが　いっしょに　いただきますか。

おかあさん

(2) えいただきましょう　と　おなじ　ことを　あらわす　ものに　○を　つけましょう。

(○) たべましょう。
(　) あそびましょう。



## 44頁

サラダで　げんき　(6)

なまえ

つぎの　文《ぶん》しょうを　二《に》かい　よんで　こたえましょう。

とつぜん、
キューン、
ゴー　ゴー、
キューと　いう
おとが　して、
ひこうきが
とまると、
アフリカぞうが
あせかせかと
おりて　きました。

※せかせかと…いそいで　いる　ようす。

（令和二年度版　東京書籍　あたらしい　こくご　一下　かどの　えいこ）

(1) ひこうきの　おとを　かきましょう。

キューン、ゴーゴー、キュー

(2) あせかせかと　おりて　きましたに　ついて　こたえましょう。

① だれが　おりて　きましたか。

アフリカぞう

② どこから　おりて　きましたか。

ひこうき



## 45頁

サラダで　げんき　(7)

なまえ

つぎの　あらすじと　文《ぶん》しょうを　二《に》かい　よんで　こたえましょう。

りっちゃんは、びょうきの　おかあさんのために　サラダを　つくっています。ひこうきが　とまると　アフリカぞうが　おりて　きました。

1　とうじょうじんぶつ　りっちゃん・アフリカぞう

あ「いまにあって
よかった　よかった。
ひとつ
おてつだいしましょう。」

2

う「ありがとう。でも、
もう　えできあがったの。」
りっちゃんは
いいました。
お「いや　いや、
これからが
ぼくの　しごと。」

（令和二年度版　東京書籍　あたらしい　こくご　一下　かどの　えいこ）

1

(1) あの　ことばは、だれが　いった　ことばですか。○を　つけましょう。

(　) りっちゃん
(○) アフリカぞう

(2) なにに　いまにあった　のですか。○を　つけましょう。

(　) ひこうきの　しゅっぱつ。
(○) サラダを　たべ　はじめる　こと。

2

(1) うとおの　ことばは、だれが　いった　ことば　ですか。

う　りっちゃん

お　アフリカぞう

(2) なにが　えできあがったのですか。

サラダ

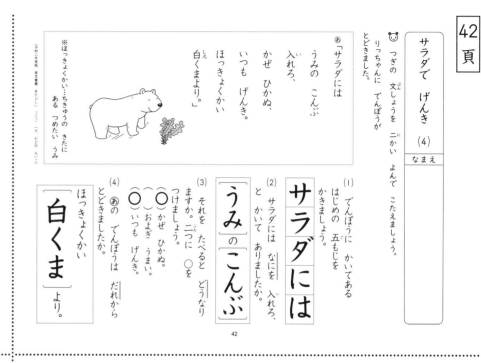

## 46頁

サラダで げんき (8)

なまえ

つぎの 文《ぶん》しょうを 二《に》かい よんで こたえましょう。

アフリカぞうは、サラダに あぶらと しおと すを かけると、スプーンを はなで にぎって、力《ちから》づよく くりん くりんと まぜました。

(1) アフリカぞうが サラダに かけた ものは、なにですか。三《みっ》つ かきましょう。

あぶら / しお / す

(2) アフリカぞうは スプーンを からだの どこで にぎりましたか。

はな(で)

(3) アフリカぞうは サラダを どんな ふうに まぜましたか。○を つけましょう。

( )やさしく くりん くりんと。

(○)力《ちから》づよく くりん くりんと。



## 47頁

サラダで げんき (9)

なまえ

つぎの 文《ぶん》しょうを 二《に》かい よんで こたえましょう。

1 あ「おかあさん、さあ、いっしょに サラダを いただきましょ。」と、りっちゃんは いいました。

2 りっちゃんの おかあさんは、サラダを たべて、いたちまち げんきに なりました。

1 (1) あの ことばは、①だれが ②だれに いった ことばですか。

① だれ(が) りっちゃん が

② だれ(に) おかあさん に

2 (1) いたちまちと おなじ ことを あらわす ものに ○を つけましょう。

(○)すぐに。

( )だんだんと。

(2) りっちゃんの おかあさんは サラダを たべて どう なりましたか。

たちまち げんき に なりました。



## 48頁

おとうとねずみ チロ (1)

なまえ

つぎの 文《ぶん》しょうを 二《に》かい よんで こたえましょう。

1 ある 日《ひ》、三《さん》びきの ねずみの きょうだいの ところへ、おばあちゃんから 手《て》がみが とどきました。それには、こんな ことが かいて ありました。

2 あたらしい けいとで、おまえたちの チョッキを あんで います。けいとの いろは、赤《あか》と 青《あお》です。もう すぐ あみあがります。たのしみに まって いて ください。

1 (1) 手《て》がみは、①だれから ②だれの ところへ とどきましたか。

① だれ(から) おばあちゃん から

② だれ(の ところへ) 三びきの ねずみの きょうだい の ところへ とどいた。

2 (1) 2の 文《ぶん》は、だれからの 手がみですか。○をしましょう。

(○)おばあちゃんからの 手《て》がみ。

( )きょうだいからの 手《て》がみ。

(2) おばあちゃんは なにを あんで いますか。

チョッキ



## 49頁

おとうとねずみ チロ (2)

なまえ

つぎの あらすじと 文《ぶん》しょうを 二《に》かい よんで こたえましょう。

おばあちゃんから 手《て》がみが とどきました。手《て》がみには「あたらしい けいとで おまえたちの チョッキを あんで います。いろは 赤《あか》と 青《あお》です。」と かいて ありました。

1 さあ、大《おお》よろこび。三《さん》びきは あ「ぼくは い赤《あか》が いいな。」にいさんねずみが いいました。

2 う「わたしは 青《あお》が すき。」ねえさんねずみが いいました。「ぼくは 赤《あか》と 青《あお》。」おとうとねずみが いいました。

1 (1) あ「ぼくは 赤《あか》が いいな。」と いったのは だれですか。

にいさん ねずみ

(2) い赤は、なにの いろのこと ですか。

チョッキ

2 (1) うの ことばは だれが いった ことば ですか。

ねえさんねずみ

(2) おとうとねずみは なにいろが いいと いいましたか。

赤 と 青

# 解答例

本書の解答は，あくまでもひとつの例です。児童に取り組ませる前に，必ず指導される方が問題を解いてください。指導される方の作られた解答をもとに，児童の多様な考えに寄り添って○つけをお願いします。

## 50 頁

おとうとねずみ　チロ　(3)

なまえ

つぎの　文《ぶん》しょうを　二《に》かい　よんで　こたえましょう。

にいさんねずみは　赤《あか》、ねえさんねずみは　青《あお》、おとうとねずみは　赤《あか》と青《あお》の　チョッキが　いいと　いいました。

㋐「チロのは　ないよ。」
にいさんねずみが
いいました。
チロと　いうのは、
おとうとねずみの
名《な》まえです。
㋑「そうよ。
青《あお》いのと
赤《あか》いのだけよ。」
ねえさんねずみが
いいました。

（令和二年度版　東京書籍　あたらしい　こくご　一下　もりやま　みやこ）

(1) ㋐の　ことばは　①だれが、②だれに、いった　ことばですか。

① だれ（が）
「にいさん」ねずみが

② だれ（に）
チロ　に

(2) チロは、だれの　名《な》まえですか。○を　つけましょう。

（　）にいさんねずみ
（　）ねえさんねずみ
（○）おとうとねずみ

(3) ㋑の　ことばは　だれが　いった　ことばですか。

ねえさんねずみ

50

## 51 頁

おとうとねずみ　チロ　(4)

なまえ

つぎの　文《ぶん》しょうを　二《に》かい　よんで　こたえましょう。

おばあちゃんが　チョッキを　あんで　くれています。「チロのは　ないよ。」と、にいさんねずみが　いいました。

㋐「そんな　こと　ないよ。
㋑ぼくのも　あるよ。」
チロは、あわてて
いいかえしましたが、
ほんとうは、とても
㋒しんぱいでした。

（令和二年度版　東京書籍　あたらしい　こくご　一下　もりやま　みやこ）

(1) ㋐の　ことばは　だれが　いった　ことばですか。

チロ

(2) ㋑ぼくのも　あるよ　は、ぼくの　なにが　あるのですか。○を　つけましょう。

（　）ぼくの　くつした。
（○）ぼくの　チョッキ。

(3) ㋒しんぱい　チロは　どんなことが　しんぱい　でしたか。○を　つけましょう。

（○）おばあちゃんは　チロの　チョッキも　あんでくれるかな。
（　）にいさんねずみは　チョッキを　あんでくれるかな。

51

## 52 頁

おとうとねずみ　チロ　(5)

なまえ

つぎの　文《ぶん》しょうを　二《に》かい　よんで　こたえましょう。

もしかすると、
おばあちゃんは、
いちばん　小《ち》さい
チロの　ことを
㋐わすれて
しまったのかも
しれません。
㋑「そうだったら、
どう　しよう。」

（令和二年度版　東京書籍　あたらしい　こくご　一下　もりやま　みやこ）

(1) もしかすると、だれが、だれの　ことを　㋐わすれて　しまったのかも　しれないのですか。

もしかすると
「おばあちゃん」は、
いちばん　小《ち》さい
「チロ」の　ことを
わすれて　しまったのかも
しれません。

(2) ㋑そうだったらに　ついて、ただしいほうに　○を　つけましょう。

（　）おばあちゃんが、チロの　チョッキを　あんで　くれていたら。
（○）おばあちゃんが、チロの　チョッキを　あんで　くれて　いなかったら。

52

## 53 頁

おとうとねずみ　チロ　(6)

なまえ

つぎの　文《ぶん》しょうを　二《に》かい　よんで　こたえましょう。

もしかすると、おばあちゃんは、いちばん　小《ち》さい　チロの　ことを　わすれて　しまったのかも　しれません。

1

にいさんねずみや
ねえさんねずみと
ちがって、チロは、
まだ　字《じ》が　かけません。

2

だから、手《て》がみで
おばあちゃんに
たのむ　ことも
できないのです。

（令和二年度版　東京書籍　あたらしい　こくご　一下　もりやま　みやこ）

1

(1) にいさんねずみや　ねえさんねずみと　ちがって　チロは　なにが　できませんか。文《ぶん》の　ことばで　かきましょう。

まだ　「字」が　「かけません」。

2

(1) 手《て》がみで　おばあちゃんに　たのむ　ことが　できないのは、だれですか。

チロ

(2) チロは　おばあちゃんに、どんな　ことを　たのみたいのですか。○を　つけましょう。

（○）チロの　チョッキを　あんで　もらうこと。
（　）いもうとの　チョッキを　あんで　もらうこと。

53

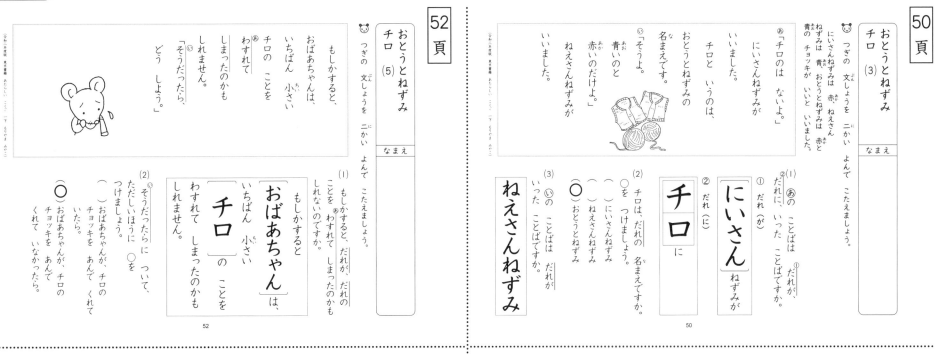

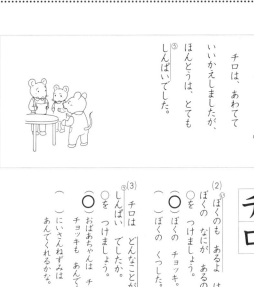

## 54頁

### みみずの たいそう

つぎの しを 二《に》かい よんで こたえましょう。

なまえ

みみずの たいそう

かんざわ としこ

つちの なかから とびだして
みみずの たいそう
ぴん ぴこ ぴん
もつれて のびて
もつれて のびて
そら げんきよく
ぴん ぴこ ぴん
あさの くうきを
いっぱい すって
みみずの たいそう
ぴん ぴこ ぴん
はりきり はじけて
はねすぎて
ちきゅうの そとへ
ぴん ぴこ
ぴいん

（令和二年度版 東京書籍 あたらしい こくご 一下 かんざわ としこ）

(1) みみずは どこから とびだしましたか。

つちの なか

(2) 「ぴん ぴこ ぴん」とは、なにが たいそうを している ようすを あらわして いますか。

みみず

(3) みみずが はねすぎて ちきゅうの そとへ いく ようすを どんな ことばで あらわして いますか。□に かきましょう。

ぴん ぴこ ぴいん



## 55頁

### あめの うた

つぎの しを 二《に》かい よんで こたえましょう。

なまえ

あめの うた

つるみ まさお

あめは ひとりじゃ うたえない、
㋐きっと だれかと いっしょだよ。
やねと いっしょに やねの うた
つちと いっしょに つちの うた
かわと いっしょに かわの うた
はなと いっしょに はなの うた。

あめは だれとも なかよしで、
どんな うたでも しってるよ。
やねで とんとん やねの うた
つちで ぴちぴち つちの うた
かわで つんつん かわの うた
はなで しとしと はなの うた。

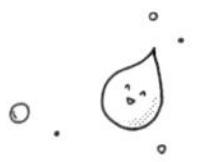

（令和二年度版 教育出版 ひろがることば しょうがくこくご 一下 つるみ まさお）

(1) ㋐きっと だれかと いっしょだよ。と ありますが、あめは だれと いっしょに うたって いますか。四《よっ》つ かきましょう。

やね　つち　かわ　はな

(2) うえと したで あうものを ―せんで むすびましょう。

① ぴちぴち　・　はなの うた
② つんつん　・　つちの うた
③ しとしと　・　かわの うた
④ とんとん　・　やねの うた



## 56頁

### はたらく じどう車《しゃ》 (1)

つぎの 文《ぶん》しょうを 二《に》かい よんで こたえましょう。

なまえ

1 ショベルカーは、じめんを ほったり、けずったり する じどう車《しゃ》です。

2 ですから、ながい うでと じょうぶな バケットを もって います。

※バケット…すなや いしを すくって いれる 大《おお》きな いれもの。

（令和二年度版 教育出版 ひろがることば しょうがくこくご 一下）

1 ショベルカーは どんな やくわりを する じどう車《しゃ》ですか。

じめんを ほったり、けずったり する じどう車《しゃ》。

2 ショベルカーは どんな ものを もって いますか。二《ふた》つ かきましょう。

ながい うで

(じょうぶな) バケット



## 57頁

### はたらく じどう車《しゃ》 (2)

つぎの 文《ぶん》しょうを 二《に》かい よんで こたえましょう。

なまえ

ショベルカーは、こうじの ときに、うでと バケットを うごかして、土《つち》を けずり、べつの ばしょに はこびます。

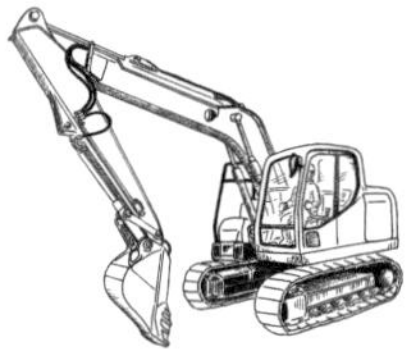

（令和二年度版 教育出版 ひろがることば しょうがくこくご 一下）

ショベルカーは ① どんな ときに ② なにを うごかして ③ なにを するのですか。

① どんな ときに

こうじの ときに、

② なにを うごかして

うでと バケットを うごかして、

③ なにを するのですか。

土《つち》を けずり、べつの ばしょに はこびます。

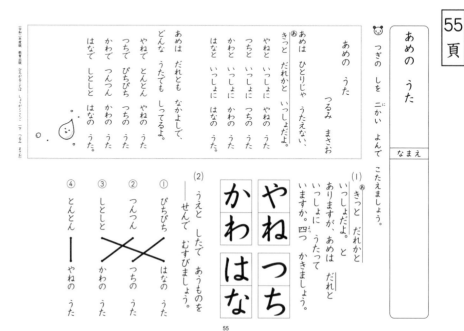

# 解答例

本書の解答は，あくまでもひとつの例です。児童に取り組ませる前に，必ず指導される方が問題を解いてください。指導される方の作られた解答をもとに，児童の多様な考えに寄り添って○つけをお願いします。

## 58頁

はたらく じどう車《しゃ》 (3)

なまえ

つぎの 文《ぶん》しょうを 二《に》かい よんで こたえましょう。

1
ポンプ車《しゃ》は、
水《みず》を つかって
かじの 火《ひ》を けす
じどう車《しゃ》です。

2
ですから、
水《みず》を すい上《あ》げたり、
まいたり する
ホースを
つんで います。

(令和二年度版 教育出版 ひろがることば しょうがくこくご 二下)

1 (1) ポンプ車《しゃ》は ①なにを つかって ②どんな やくわりを する じどう車《しゃ》ですか。

① なにを つかって
水 を つかって

② どんな やくわりを する
かじ の 火 を けす じどう車《しゃ》です。

2 (1) ポンプ車《しゃ》は なにを つんで いますか。

ホース

(2) ポンプ車《しゃ》は どんな ホースを つんで いますか。

水を すい上げ たり まい たり する ホースを つんで います。



## 59頁

はたらく じどう車《しゃ》 (4)

なまえ

つぎの 文《ぶん》しょうを 二《に》かい よんで こたえましょう。

ポンプ車《しゃ》は、
いけや
しょうかせんから
すい上《あ》げた 水《みず》を、
ホースで まいて、
火《ひ》を けします。

※しょうかせん…かじを けすための すいどうの せん。

(令和二年度版 教育出版 ひろがることば しょうがくこくご 二下)

(1) なんという じどう車《しゃ》の ことが かいて ありますか。

ポンプ車

(2) ポンプ車《しゃ》は 水《みず》を どこから すい上《あ》げますか。二《ふた》つ かきましょう。

いけ

しょうかせん

(3) ポンプ車《しゃ》は 水《みず》を、ホースで まいて、なにを しますか。文《ぶん》の ことばで かきましょう。

火を けします。



## 60頁

ゆき

なまえ

つぎの しを 二《に》かい よんで こたえましょう。

ゆき
かわさき ひろし

1
はつゆき ふった
こなゆき だった
くつの 下《した》で
きゅっきゅと ないた

2
どかゆき ふった
のしのし ふって
ずんずん つもり
ねゆきに なった

3
べたゆき ふって
ぼたゆき ふって
ざらめゆきに なって
もう すぐ はるだ

(令和二年度版 教育出版 ひろがることば しょうがくこくご 二下 かわさき ひろし)

(1) 1で はつゆきは どんな ゆきでしたか。

こなゆき

(2) 1で こなゆきが くつの 下《した》で ないた おとを かきましょう。

きゅっきゅ

(3) 2で どかゆきは どんな ゆきに なりましたか。

ねゆき

(4) 3で ざらめゆきに なったら もう すぐ きせつは なにに なりますか。

はる

(5) しの 中《なか》には どんな ゆきが かかれて いますか。ゆきの なまえを 七《なな》つ さがして よこに ——せんを ひきましょう。



## 61頁

みぶりで つたえる (1)

なまえ

つぎの 文《ぶん》しょうを 二《に》かい よんで こたえましょう。

1
わたしたちは、
ことばだけで なく、
みぶりでも、
気《き》もちや かんがえを
つたえあって います。

2
くびを たてに
ふると「はい」、
よこに ふると
「いいえ」、
よこに かたむけると
「よく わからない」と
いう いみに なります。

(令和二年度版 教育出版 ひろがることば しょうがくこくご 二下 のむら まさいち)

1 わたしたちが 気《き》もちや かんがえを つたえあうのに つかう ものを 二《ふた》つ かきましょう。

ことば

みぶり

2 つぎの ①②③の ように くびを うごかすと、どんな いみに なりますか。

① くびを たてに ふる
はい

② くびを よこに ふる。
いいえ

③ くびを よこに かたむける。
よく わからない

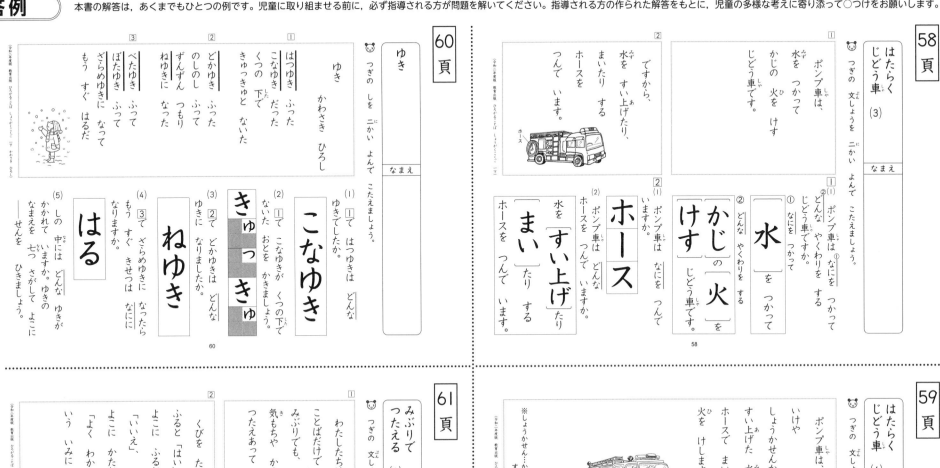

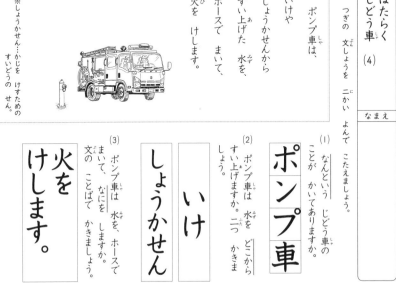

## 62頁

みぶりで　つたえる　(2)

つぎの　文《ぶん》しょうを　二《に》かい　よんで　こたえましょう。

なまえ

1

くちびるに
人《ひと》さしゆびを
あてると
「しずかに　しよう」
と　いう
いみに
なります。

2

このような　とき、
みぶりは
㋐ことばの　かわりを
して　います。

（令和二年度版　教育出版　ひろがることば　しょうがくこくご　二下　のむら　まさいち）

1　「しずかに　しよう」と　いう　いみを　あらわす　ときは、①どこに　②なにを　③どうしますか。

①　どこ（に）
「くちびる」に

②　なに（を）
「人さしゆび」を

③　どうする
「あてる」

2　㋐ことばの　かわりを　する　ものは　なにですか。

みぶり



## 63頁

みぶりで　つたえる　(3)

つぎの　文《ぶん》しょうを　二《に》かい　よんで　こたえましょう。

なまえ

ともだちに、
「こんな　大《おお》きな
さつまいもを
ほったよ。」
と　はなす　とき、
さつまいもの　ながさや
ふとさを　りょう手《て》で
あらわせば、
㋐その　大《おお》きさが　よく
つたわります。

（令和二年度版　教育出版　ひろがることば　しょうがくこくご　二下　のむら　まさいち）

(1)　ともだちに　なにを　はなす　ときの　こと　ですか。

「こんな　「大」きな　「さつまいも」を　ほったよ。」と　はなす　とき。

(2)　さつまいもの　ながさや　ふとさを　あらわす　みぶりは　からだの　どこを　つかいますか。

（　）りょうあし
（○）りょう手《て》

(3)　㋐その　大《おお》きさは　なんの　大《おお》きさですか。

さつまいも



## 64頁

みぶりで　つたえる　(4)

つぎの　文《ぶん》しょうを　二《に》かい　よんで　こたえましょう。

なまえ

1

あたまを　下《さ》げながら、
「ありがとう
ございます。」
と　いうと、
おれいの
気《き》もちが　よく
つたわります。

2

このように、
みぶりと　ことばを
いっしょに　つかうと、
じぶんの
つたえたい　ことを、
あいてに
うまく　つたえる
ことが　できます。

（令和二年度版　教育出版　ひろがることば　しょうがくこくご　二下　のむら　まさいち）

1　「ありがとう　ございます。」と　いう　とき、どんな　みぶりを　しながら　いうと　おれいの　気《き》もちが　よく　つたわりますか。

「あたま」を　「下げ」ながら　いう。

2　みぶりと　ことばを　いっしょに　つかうと、どんな　ことが　できますか。

じぶんの　「つたえたい　こと」を、あいてに　「うまく　つたえる」　ことが　できます。



## 65頁

スイミー　(1)

きょうかしょの　つぎの　文《ぶん》を　二《に》かい　よんで　こたえましょう。

なまえ

1

［ひろい　うみの　どこかに、…］
から
［…たのしく　くらして　いた。］
まで

2

［みんな　赤《あか》いのに、…］
から
［…名《な》まえは　スイミー。］
まで

1

(1)　さかなの　きょうだいたちは　どこで　くらして　いましたか。

「ひろい　うみ」の　どこか。

(2)　さかなの　きょうだいたちは　どんな　ふうに　くらして　いましたか。○を　つけましょう。

（○）たのしく
（　）しずかに

2

(1)　みんなと　スイミーは　どんな　いろを　して　いますか。——せんで　つなぎましょう。

①　みんな　　　まっくろ
②　スイミー　　赤《あか》

(2)　およぐのが　だれよりも　はやかったのは、だれですか。名《な》まえを　かきましょう。

スイミー

本書の解答は，あくまでもひとつの例です。児童に取り組ませる前に，必ず指導される方が問題を解いてください。指導される方の作られた解答をもとに，児童の多様な考えに寄り添って○つけをお願いします。

### 66頁

スイミー (2)

なまえ

きょうかしょの つぎの 文《ぶん》を 二《に》かい よんで こたえましょう。

1 ある 日《ひ》、おそろしい まぐろが、… から …ミサイルみたいに つっこんで きた。 まで

2 一口《ひとくち》で、まぐろは、… から …にげたのは スイミーだけ。 まで

1 (1) まぐろの ことに あてはまる もの 二《ふた》つに ○を つけましょう。

(○)おそろしい。
( )おなかが いっぱい。
(○)すごい はやさ。

(2) なにが つっこんで きましたか。

まぐろ

2 (1) まぐろは、小《ち》さな 赤《あか》い さかなたちを どう しましたか。○を つけましょう。

(○)ぜんぶ のみこんだ。
( )一《いっ》ぴきだけ のみこんだ。

(2) にげた さかなの 名《な》まえを かきましょう。

スイミー

66

### 67頁

スイミー (3)

なまえ

きょうかしょの つぎの 文《ぶん》を 二《に》かい よんで こたえましょう。

1 スイミーは およいだ、… から …とても かなしかった。 まで

2 けれど、うみには、… から …げん気《き》を とりもどした。 まで

1 (1) きょうかしょの 文《ぶん》で スイミーの 気《き》もちが わかる ことばを 三《みっ》つ かきましょう。

こわかった
さびしかった
(とても)かなしかった

2 (1) うみには すばらしい ものが どのくらい ありましたか。

いっぱい

(2) おもしろい ものを 見《み》る たびに、スイミーは だんだん なにを とりもどしましたか。

げん気

67

### 68頁

スイミー (4)

なまえ

きょうかしょの つぎの 文《ぶん》を 二《に》かい よんで こたえましょう。

1 にじいろの ゼリーのような くらげ。… から …見《み》えない 糸《いと》で ひっぱられて いる。 まで

2 ドロップみたいな いわから… から …しっぽを わすれて いるほど ながい。 まで

※ドロップ…あめ・あめのおかし

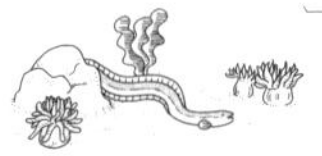

1 (1) ゼリーのような ものは、なにですか。

くらげ

(2) いせえびは、なにみたいだと かいて ありますか。

水中ブルドーザー

2 (1) ドロップみたいなものは なにですか。

いわ

(2) うなぎは どれぐらい ながいですか。ぶんの ことばで かきましょう。

かお を 見《み》る ころには、しっぽ を わすれて いるほど。

68

### 69頁

スイミー (5)

なまえ

きょうかしょの つぎの 文《ぶん》を 二《に》かい よんで こたえましょう。

1 そして、かぜに ゆれる… から …いそぎんちゃく。 まで

2 その とき、いわかげに、… から …さかなの きょうだいたちを。 まで

1 (1) ももいろの やしの 木《き》みたいなものは なにですか。

いそぎんちゃく

(2) いそぎんちゃくは なにいろですか。

ももいろ

2 (1) スイミーは ①どこに、②なにを 見《み》つけた、のですか。

① どこ(に)

いわかげ に

② なに(を)

小《ち》さな さかな の きょうだい たちを。

69

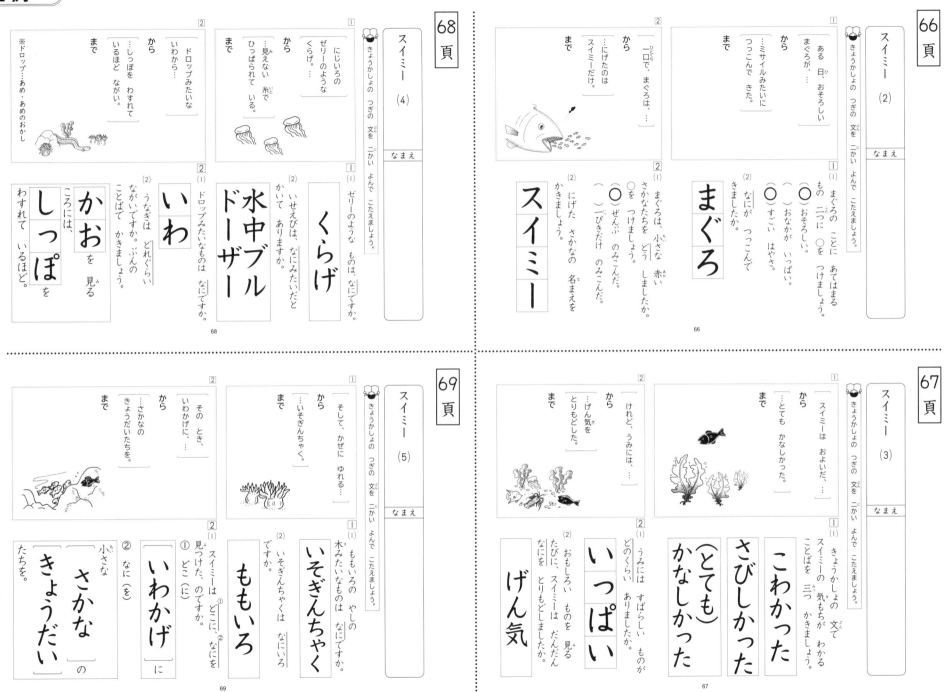

本書の解答は，あくまでもひとつの例です。児童に取り組ませる前に，必ず指導される方が問題を解いてください。指導される方の作られた解答をもとに，児童の多様な考えに寄り添って○つけをお願いします。

# 解答例

## 70頁

スイミー (6)

なまえ

きょうかしょの　つぎの　文《ぶん》を　二《に》かい　よんで　こたえましょう。

1

「スイミーは　いった。…」から

「…大《おお》きな　さかなに、たべられて　しまうよ。」まで

2

「だけど、いつまでも…」から

「…うんと　かんがえた。」まで

1 (1)「出《で》てこいよ。みんなで　あそぼう。」と　いったのは　だれですか。

スイミー

(2) 小《ちい》さな　赤《あか》い　さかなたちは　なぜ「だめだよ。」と　いったのですか。

大《おお》きな　さかなに、たべられて　しまうから。

2 (1) スイミーが、かんがえている　ようすが　わかる　ことばを　かきましょう。

スイミーは　かんがえた。いろいろ　かんがえた。うんと　かんがえた。

70

## 71頁

スイミー (7)

なまえ

きょうかしょの　つぎの　文《ぶん》を　二《に》かい　よんで　こたえましょう。

1

「それから、とつぜん…」から

「…いちばん　大《おお》きな　さかなの　ふりを　して。」まで

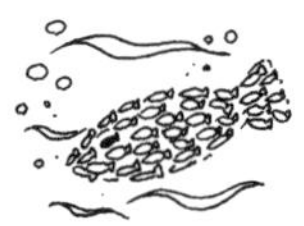

2

「スイミーは　おしえた。…」から

「…みんな　もちばを　まもる　こと。」まで

1 (1) スイミーは　どんな　ふうに　およごうと　いいましたか。○を　つけましょう。

(　) みんな　はなれて　およぐ。

(○) みんな　いっしょに　およぐ。

(2) スイミーは、なにの　ふりを　して　およごうと　いいましたか。

うみ　で　いちばん　大きな　さかなの　ふりをして。

2 (1) スイミーが　おしえた　ことを　二《ふた》つ　かきましょう。

(けっして) はなればなれに　ならないこと。

(みんな) もちばを　まもること。

71

## 72頁 (73頁は略)

スイミー (8)

なまえ

きょうかしょの　つぎの　文《ぶん》を　二《に》かい　よんで　こたえましょう。

1

「みんなが、一《いっ》ぴきの　大《おお》きな　さかなみたいに…」から

「…「ぼくが、目《め》に　なろう。」」まで

2

「あさの　つめたい　水《みず》の　中《なか》を、…」から

「…大《おお》きな　さかなを　おい出《だ》した。」まで

1 (1) みんなは　なに　みたいに　およげるように　なりましたか。

一《いっ》ぴきの　大きな　さかな

(2) スイミーは　なんと　いいましたか。

ぼくが、目に　なろう。

2 (1) みんなは　なにの　中《なか》を　およぎましたか。二《ふた》つに　○を　つけましょう。

(○) あさの　つめたい　水《みず》の　中《なか》。

(　) よるの　あたたかい　ひかりの　中《なか》。

(○) ひるの　かがやく　ひかりの　中《なか》。

(2) みんなは　大《おお》きな　さかなを　どうしましたか。

おい出した。

72

## 74頁 (75頁は略)

うごきを　あらわす　ことば (2)

なまえ

(1) えを　みて　ぶんを　つくりましょう。したの　□　から　ことばを　えらんで　かきましょう。

①  いぬが　たべる。

②  いぬが　はしる。

③  いぬが　ほえる。

はしる。　ほえる。　たべる。

(2) えを　みて　ぶんを　つくりましょう。したの　□　から　ことばを　えらんで　かきましょう。

①  ねこが　あそぶ。

②  とりが　とぶ。

③  うまが　かける。

あそぶ。　かける。　とぶ。

74

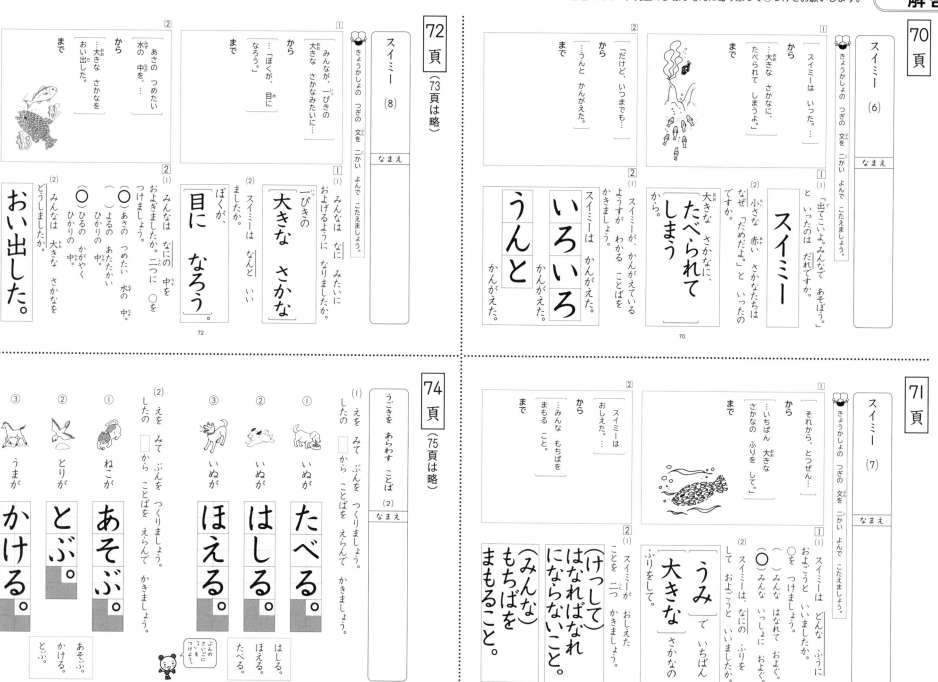

# 解答例

本書の解答は，あくまでもひとつの例です。児童に取り組ませる前に，必ず指導される方が問題を解いてください。指導される方の作られた解答をもとに，児童の多様な考えに寄り添って○つけをお願いします。

## 76頁

うごきを あらわす ことば (4)

なまえ

(1) えを みて ぶんを つくりましょう。 □から ことばを えらんで かきましょう。

①  いぬが すわる。

②  うさぎが はねる。

③  めだかが およぐ。

④  つばめが とぶ。

およぐ。　とぶ。　はねる。

(2) えを みて ぶんを つくりましょう。 □から ことばを えらんで かきましょう。

①  ほんを よむ。

②  ふくを きる。

③  かさを さす。

よむ。　さす。　きる。



## 77頁

(78・79頁は略)

うごきを あらわす ことば (5)

なまえ

(1) えを みて ぶんを つくりましょう。 かきましょう。

① 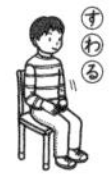 いすに すわる。

②  やまに のぼる。

③  うみで およぐ。

(2) えを みて ぶんを つくりましょう。 □から ことばを えらんで かきましょう。

①  だいに たつ。

②  きに のぼる。

③  やまを あるく。

あるく。　たつ。　のぼる。



## 80頁

(81・82頁は略)

ようすを あらわす ことば (3)

なまえ

(1) えを みて ことばを かきましょう。 □から ことばを えらんで かきましょう。

①  ひも ながい ↕ みじかい ひも 

②  やま たかい ↕ ひくい やま 

③  き ふとい ↕ ほそい き 

たかい　ながい　ふとい

(2) えを みて ことばを かきましょう。 □から ことばを えらんで かきましょう。

①  おちゃ あつい ↕ つめたい みず 

② 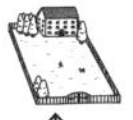 にわ ひろい ↕ せまい にわ 

③  ぞう おおきい ↕ ちいさい あり 

つめたい　せまい　ちいさい



## 83頁

(84～89頁は略)

きもちを あらわす ことば (2)

なまえ

(1) つぎの えは どんな きもちを あらわして いますか。 □から ことばを えらんで かきましょう。

①  うれしい きもち

②  かなしい きもち

③  たのしい きもち

うれしい　かなしい　たのしい

(2) つぎの えは どんな きもちを あらわして いますか。 □から ことばを えらんで かきましょう。

①  こわい きもち

②  さむい きもち

③  いたい きもち

こわい　さむい　いたい

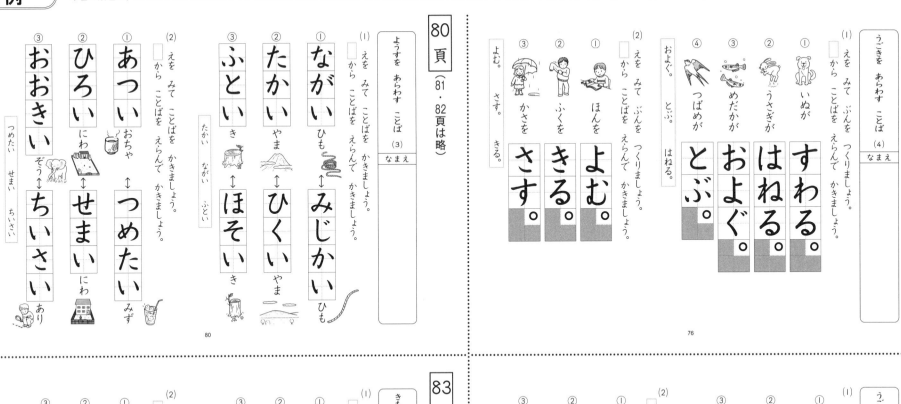

## 90頁 （91～98頁は略）

かたかなを かこう (7)
「゛」や「゜」の つくじ

なまえ

えを みて かたかなで ことばを かきましょう。

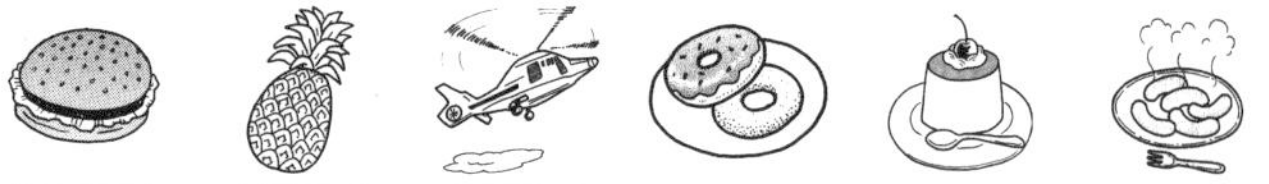

① ソーセージ
② プリン
③ ドーナツ
④ ヘリコプター
⑤ パイナップル
⑥ ハンバーガー

ジ　プ　ド　プ　パ　プ　バ　ガ



## 99頁 （99・100頁は略）

よう日《び》と 日《ひ》づけ (2)

なまえ

あてはまる よみかたを ――せんで むすびましょう。

月ようび
日ようび
土ようび
火ようび
水ようび
木ようび
金ようび

どようび
げつようび
にちようび
かようび
もくようび
きんようび
すいようび



## 100頁

よう日《び》と 日《ひ》づけ (3)

なまえ

□に かん字《じ》を （ ）に よみがなを かきましょう。

① 日 ひ にち
お日（ひ）さま
日（にち）よう日（び）

② 月 つき げつ
お月（つき）見《み》
月（げつ）よう日

③ 火 ひ か
火（ひ）をけす
火（か）よう日

④ 水 みず すい
水（みず）をのむ
水（すい）よう日

⑤ 木 き もく
さくらの木（き）
木（もく）よう日

⑥ 金 かね きん
お金（かね）をはらう
金（きん）よう日

⑦ 土 つち ど
はたけの土（つち）
土（ど）よう日



## 101頁 （102・103頁は略）

よう日《び》と 日《ひ》づけ (4)

なまえ

つぎの □に □から えらんで かん字《じ》を かきましょう。

① 日《にち》よう日《び》、お日《ひ》さま にこにこ。
② 月《げつ》よう日《び》、月《つき》が でる。
③ 火《か》よう日《び》、たき火《び》する。
④ 水《すい》よう日《び》、水《みず》の なか。
⑤ 木《き》のぼりしたよ、木《もく》よう日《び》。
⑥ お金《かね》を はらう 金《きん》よう日《び》。
⑦ 土《ど》よう日《び》は、土《つち》で あそぶ。

土　金　木　水　火　月　日

二回ずつ つかうよ。

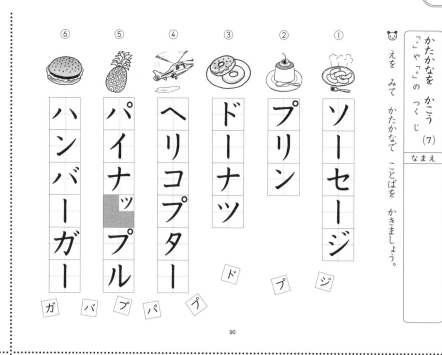

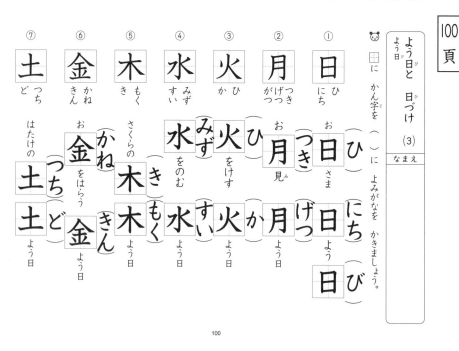

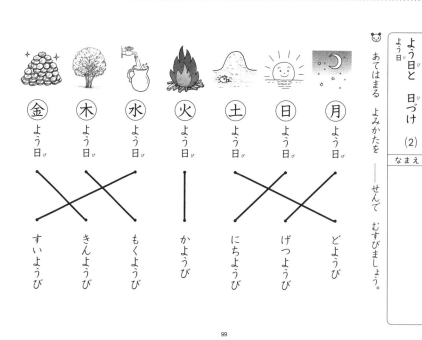

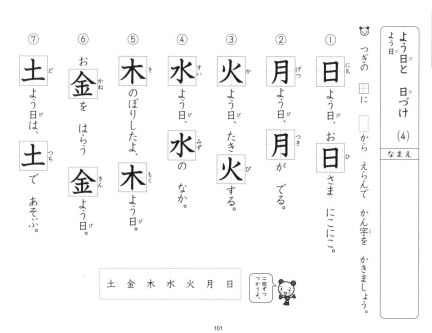

# 解答例

本書の解答は，あくまでもひとつの例です。児童に取り組ませる前に，必ず指導される方が問題を解いてください。指導される方の作られた解答をもとに，児童の多様な考えに寄り添って○つけをお願いします。

## 104頁

よう日《び》と　日《ひ》づけ　(7)　なまえ

あてはまる　よみかたを　――せんで　むすびましょう。

① 一日　② 二日　③ 三日　④ 四日　⑤ 五日　⑥ 六日　⑦ 七日　⑧ 八日　⑨ 九日　⑩ 十日　⑪ 二十日

みっか　ついたち　ふつか　むいか　よっか　いつか　ようか　なのか　とおか　はつか　ここのか

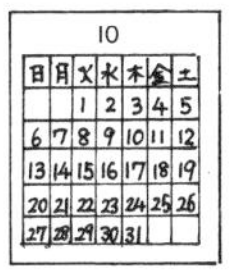

## 105頁

まとめて　よぶ　ことば　(1)　なまえ

(1) つぎの　ことばの　なかまを　――せんで　むすびましょう。□に　はいる　ことばを　□から　えらんで　かきましょう。

きゅうり　だいこん　にんじん　［なす］

メロン　みかん　いちご　［りんご］

「くだもの」

「やさい」

［たべもの］

たべもの　なす　りんご

(2) □に　つぎの　ことばを　まとめて　よぶ　ことばを　□から　えらんで　かきましょう。

「つばめ」「すずめ」「はと」は、どれも［とり］です。

「たんぽぽ」「ばら」「ゆり」は、どれも［はな］です。

はな　やさい　とり



## 106頁（107・108頁は略）

まとめて　よぶ　ことば　(2)　なまえ

(1) □に　あてはまる　ことばを　□から　えらんで　かきましょう。

「バス」「トラック」「しょうぼう車《しゃ》」は、どれも「じどう車」です。

「しんかんせん」「モノレール」「ちかてつ」は、どれも「でん車」です。

それらの　なかまを　まとめて「のりもの」と　よびます。

でん車《しゃ》　じどう車《しゃ》　のりもの

(2) □に　あてはまる　ことばを　□から　えらんで　かきましょう。

「ピアノ」「たいこ」「もっきん」「タンバリン」は、どれも「がっき」です。

「かまきり」「くわがた」「ちょうちょ」「とんぼ」は、どれも「むし」です。

もっきん　ちょうちょ　とんぼ　タンバリン

## 109頁

かたちの　にて　いる　かん字《じ》　(3)　なまえ

(1) ――せんの　ことばに　あう　かん字《じ》を　○で　かこみましょう。

① きれいな　いしを　みつけた。　（右・**石**）（**見**・貝）

② 三にんで　へやに　はいる。　（入・**人**）（**入**・人）

③ おおきな　いぬが　ねている。　（犬・**大**）（**犬**・大）

(2) にている　かん字《じ》に　気《き》を　つけて　かきましょう。

① かごの　中《なか》で　虫《むし》を　かう。

② にわの　木《き》に　水《みず》を　やる。

③ 土《つち》の　上《うえ》に　ねころぶ。

④ 小さな　貝《かい》を　見《み》つける。

⑤ 王《おう》さまが　しゃぼん　玉《だま》を　つくる。

水　木　貝　見　上　土　中　虫　王　玉

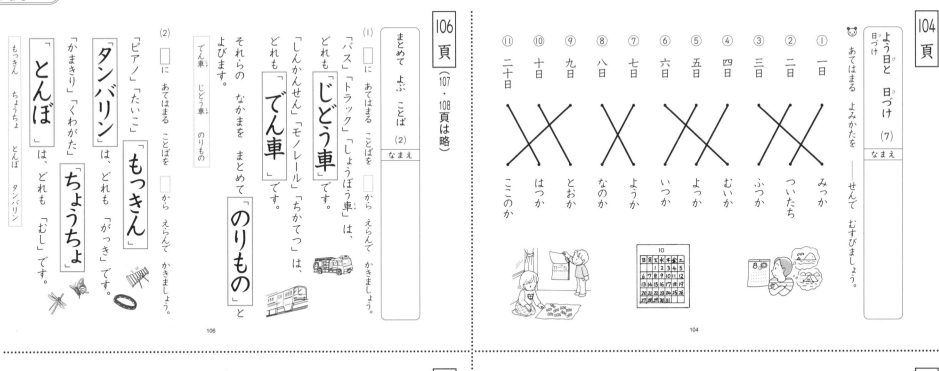

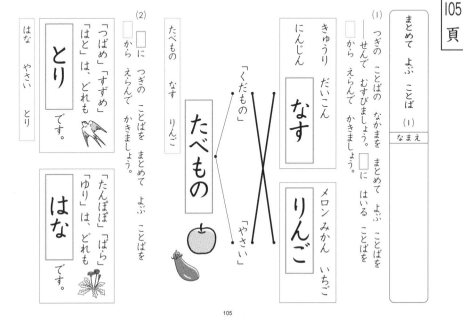

喜楽研の支援教育シリーズ
もっと　ゆっくり　ていねいに学べる
個別指導に最適
# 読解ワーク 基礎編 1-②
光村図書・東京書籍・教育出版の
教科書教材などより抜粋

2023年3月1日

イ ラ ス ト：山口　亜耶　他
表紙イラスト：山口　亜耶
表紙デザイン：エガオデザイン
企 画・編 著：原田　善造・あおい　えむ・今井　はじめ・さくら　りこ
中　あみ・中　えみ・中田　こういち・なむら　じゅん
はせ　みう・ほしの　ひかり・堀越　じゅん・みやま　りょう（他４名）
編 集 担 当：堀江　優子

発　行　者：岸本　なおこ
発　行　所：喜楽研（わかる喜び学ぶ楽しさを創造する教育研究所：略称）
〒604-0827　京都府京都市中京区高倉通二条下ル瓦町 543-1
TEL 075-213-7701　FAX 075-213-7706　HP https://www.kirakuken.co.jp
印　　　刷：株式会社米谷

ISBN : 978-4-86277-410-1

Printed in Japan